एक षडयंत्र : महाभारत COLOR

विवेक कुमार पांडे शंभुनाथ

ISBN 979-888629219-0

क्रम-सूची

प्रस्तावना

इस किताब में संक्षेप में लिखा गया है कि कैसे शकुनि षडयंत्र रच कर , पांडवो के साथ अन्याय करते हैं .। इस किताब को लिखने के दौरान कोई भी धर्म और कोई भी जाती एवम किसी भी परिवार के सदस्य को नुकसान नहीं पहुंचा या गया है और इस किताब को लिखा है श्री विवेक कुमार पांडे शंभुनाथ जी ने.।

भूमिका

मेरा नाम विवेक कुमार पांडे है और मैं एक लेखक हु , में गुजरात के सुरत में निवास करता हूं.मेरा जन्म ३० सेप्टेंबर को २००२ में हुआ था, और मुझे बचपन से एक्टर बनने का सोख रहा है और अभी भी है.। में कभी ये नहीं सोचता की लोग क्या कर रहे हैं में ये सोचता हूं कि में क्या कर रहा हूं, में आज सफल हूं तो अपने पापा की वजह से आज वो रहते तो उन्हें बहुत खुशी होती , वो सदा और हमेशा मेरे साथ रहेंगे.।

1

कुरुवंश की उत्पत्ति

पुराणो के अनुसार ब्रह्मा जी से अत्रि, अत्रि से चन्द्रगा, चन्द्रमा से बुध, और बुध से इलानन्दन पुरूरवा का जन्म हुआ। पुरूरवा से आयु, आयु से राजा नहुष, और नहुष से ययाति उत्पन्न हुए। ययाति से पुरू हुए। पूरू के वंश में भरत और भरत के कुल में राजा कुरु हुए।

कुरु के वंश में शान्तनु का जन्म हुआ। शान्तनु से गंगानन्दन भीष्म उत्पन्न हुए। उनके दो छोटे भाई और थे – चित्रांगद और विचित्रवीर्य। ये शान्तनु से सत्यवती के गर्भ से उत्पन्न हुए थे। शान्तनु के स्वर्गलोक चले जाने पर भीष्म ने अविवाहित रह कर अपने भाई विचित्रवीर्य के राज्य का पालन किया।भीष्म महाभारत के प्रमुख पात्रों में से एक हैं। ये महाराजा शांतनु के पुत्र थे। अपने पिता को दिये गये वचन के कारण इन्होंने आजीवन ब्रह्मचर्य का व्रत लिया था। इन्हें इच्छामृत्यु का वरदान प्राप्त था।

एक बार हस्तिनापुर नरेश दुष्यंत आखेट खेलने वन में गये। जिस वन में वे शिकार के लिये गये थे उसी वन में कण्व ऋषि का आश्रम था। कण्व ऋषि के दर्शन करने के लिये महाराज दुष्यंत उनके आश्रम पहुँच गये। पुकार लगाने पर एक अति लावण्यमयी कन्या ने आश्रम से निकल कर कहा, हे राजन् महर्षि तो तीर्थ यात्रा पर गये हैं, किन्तु आपका इस आश्रम में स्वागत है।

उस कन्या को देख कर महाराज दुष्यंत ने पूछा, बालिके आप कौन हैं? बालिका ने कहा, मेरा नाम शकुन्तला है और मैं कण्व ऋषि की पुत्री हूँ। उस कन्या की बात सुन कर महाराज दुष्यंत आश्चर्यचकित होकर बोले, महर्षि तो आजन्म ब्रह्मचारी हैं फिर आप उनकी पुत्री कैसे हईं?

उनके इस प्रश्न के उत्तर में शकुन्तला ने कहा, वास्तव मे मेरे माता-पिता मेनका और विश्वामित्र हैं। मेरी माता ने मेरे जन्म होते ही मुझे वन में छोड़ दिया था जहाँ पर शकुन्त नामक पक्षी ने मेरी रक्षा की। इसी लिये मेरा नाम शकुन्तला पड़ा।

उसके बाद कण्व ऋषि की दृष्टि मुझ पर पड़ी और वे मुझे अपने आश्रम में ले आये। उन्होंने ही मेरा भरन-पोषण किया। जन्म देने वाला, पोषण करने वाला तथा अन्न देने वाला

– ये तीनों ही पिता कहे जाते हैं। इस प्रकार कण्व ऋषि मेरे पिता हुये।

शकुन्तला के वचनों को सुनकर महाराज दुष्यंत ने कहा, शकुन्तले तुम क्षत्रिय कन्या हो। यदि तुम्हें किसी प्रकार की आपत्ति न हो तो मैं तुमसे विवाह करना चाहता हूँ। शकुन्तला भी महाराज दुष्यंत पर मोहित हो चुकी थी, अतः उसने अपनी स्वीकृति प्रदान कर दी। दोनों नें गन्धर्व विवाह कर लिया। कुछ काल महाराज दुष्यंत ने शकुन्तला के साथ विहार करते हुये वन में ही व्यतीत किया। फिर एक दिन वे शकुन्तला से बोले, प्रियतमे मुझे अब अपना राजकार्य देखने के लिये हस्तिनापुर प्रस्थान करना होगा। महर्षि कण्व के तीर्थ यात्रा से लौट आने पर मैं तुम्हें यहाँ से विदा करा कर अपने राजभवन में ले जाऊँगा।

इतना कहकर महाराज ने शकुन्तला को अपने प्रेम के प्रतीक के रूप में अपनी स्वर्ण मुद्रिका दी और हस्तिनापुर चले गये।

एक दिन उसके आश्रम में दुर्वासा ऋषि पधारे। महाराज दुष्यंत के विरह में लीन होने के कारण शकुन्तला को उनके आगमन का ज्ञान भी नहीं हुआ और उसने दुर्वासा ऋषि का यथोचित स्वागत सत्कार नहीं किया। दुर्वासा ऋषि ने इसे अपना अपमान समझा और क्रोधित हो कर बोले, बालिके मैं तुझे शाप देता हूँ कि जिस किसी के ध्यान में लीन होकर तूने मेरा निरादर किया है, वह तुझे भूल जायेगा। दुर्वासा ऋषि के शाप को सुन कर शकुन्तला का ध्यान टूटा और वह उनके चरणों में गिर कर क्षमा प्रार्थना करने लगी। शकुन्तला के क्षमा प्रार्थना से द्रवित हो कर दुर्वासा ऋषि ने कहा, अच्छा यदि तेरे पास उसका कोई प्रेम चिन्ह होगा तो उस चिन्ह को देख उसे तेरी स्मृति हो आयेगी।

महाराज दुष्यंत से विवाह से शकुन्तला गर्भवती हो गई थी। कुछ काल पश्चात् कण्व ऋषि तीर्थ यात्रा से लौटे तब शकुन्तला ने उन्हें महाराज दुष्यंत के साथ अपने गन्धर्व विवाह के विषय में बताया। इस पर महर्षि कण्व ने कहा, पुत्री विवाहित कन्या का पिता के घर में रहना उचित नहीं है। अब तेरे पति का घर ही तेरा घर है। इतना कह कर महर्षि ने शकुन्तला को अपने शिष्यों के साथ हस्तिनापुर भिजवा दिया। मार्ग में एक सरोवर में आचमन करते समय महाराज दुष्यंत की दी हुई शकुन्तला की अँगूठी, जो कि प्रेम चिन्ह थी, सरोवर में ही गिर गई। उस अँगूठी को एक मछली निगल गई।

महाराज दुष्यंत के पास पहुँच कर कण्व ऋषि के शिष्यों ने शकुन्तला को उनके सामने खड़ी कर के कहा, महाराज शकुन्तला आपकी पत्नी है, आप इसे स्वीकार करें। महाराज तो दुर्वासा ऋषि के शाप के कारण शकुन्तला को विस्मृत कर चुके थे। अतः उन्होंने शकुन्तला को स्वीकार नहीं किया और उस पर कुलटा होने का लाँछन लगाने लगे। शकुन्तला का अपमान होते ही आकाश में जोरों की बिजली कड़क उठी और सब के सामने उसकी माता मेनका उसे उठा ले गई।

जिस मछली ने शकुन्तला की अँगूठी को निगल लिया था, एक दिन वह एक मछुआरे के जाल में आ फँसी। जब मछुआरे ने उसे काटा तो उसके पेट अँगूठी निकली। मछुआरे ने उस अँगूठी को महाराज दुष्यंत के पास भेंट के रूप में भेज दिया। अँगूठी को देखते ही महाराज

को शकुन्तला का स्मरण हो आया और वे अपने कृत्य पर पश्चाताप करने लगे। महाराज ने शकुन्तला को बहुत ढुँढवाया किन्तु उसका पता नहीं चला।

कुछ दिनों के बाद देवराज इन्द्र के निमन्त्रण पाकर देवासुर संग्राम में उनकी सहायता करने के लिये महाराज दुष्यंत इन्द्र की नगरी अमरावती गये। संग्राम में विजय प्राप्त करने के पश्चात् जब वे आकाश मार्ग से हस्तिनापुर लौट रहे थे तो मार्ग में उन्हें कश्यप ऋषि का आश्रम दृष्टिगत हुआ। उनके दर्शनों के लिये वे वहाँ रुक गये। आश्रम में एक सुन्दर बालक एक भयंकर सिंह के साथ खेल रहा था। मेनका ने शकुन्तला को कश्यप ऋषि के पास लाकर छोड़ा था तथा वह बालक शकुन्तला का ही पुत्र था। उस बालक को देख कर महाराज के हृदय में प्रेम की भावना उमड़ पड़ी।

वे उसे गोद में उठाने के लिये आगे बढ़े तो शकुन्तला की सखी चिल्ला उठी, हे भद्र पुरुष आप इस बालक को न छुयें अन्यथा उसकी भुजा में बँधा काला डोरा साँप बन कर आपको डस लेगा। यह सुन कर भी दुष्यंत स्वयं को न रोक सके और बालक को अपने गोद में उठा लिया। अब सखी ने आश्चर्य से देखा कि बालक के भुजा में बँधा काला गंडा पृथ्वी पर गिर गया है। सखी को ज्ञात था कि बालक को जब कभी भी उसका पिता अपने गोद में लेगा वह काला डोरा पृथ्वी पर गिर जायेगा। सखी ने प्रसन्न हो कर समस्त वृतान्त शकुन्तला को सुनाया। शकुन्तला महाराज दुष्यंत के पास आई। महाराज ने शकुन्तला को पहचान लिया। उन्होंने अपने कृत्य के लिये शकुन्तला से क्षमा प्रार्थना किया और कश्यप ऋषि की आज्ञा लेकर उसे अपने पुत्र सहित अपने साथ हस्तिनापुर ले आये। महाराज दुष्यंत और शकुन्तला के उस पुत्र का नाम भरत था।

बाद में वे भरत महान प्रतापी सम्राट बने और उन्हीं के नाम पर हमारे देश का नाम भारतवर्ष हुआ।

2
कृपाचार्य तथा द्रोणाचार्य

गौतम ऋषि के पुत्र का नाम शरद्वान था। उनका जन्म बाणों के साथ हुआ था। उन्हें वेदाभ्यास में जरा भी रुचि नहीं थी और धनुर्विद्या से उन्हें अत्यधिक लगाव था। वे धनुर्विद्या में इतने निपुण हो गये कि देवराज इन्द्र उनसे भयभीत रहने लगे।

इन्द्र ने उन्हें साधना से डिगाने के लिये नामपदी नामक एक देवकन्या को उनके पास भेज दिया। उस देवकन्या के सौन्दर्य के प्रभाव से कृप नामक बालक उत्पन्न हुआ और दूसरे भाग से कृपी नामक कन्या उत्पन्न हुई।

कृप भी धनुर्विद्या में अपने पिता के समान ही पारंगत हुये। भीष्म जी ने इन्हीं कृप को पाण्डवों और कौरवों की शिक्षा-दीक्षा के लिये नियुक्त किया और वे कृपाचार्य के नाम से विख्यात हुये।

कृपाचार्य के द्वारा पाण्डवों तथा कौरवों की प्रारंभिक शिक्षा समाप्त होने के पश्चात् अस्त्र-शस्त्रों की विशेष शिक्षा के लिये भीष्म जी ने द्रोण नामक आचार्य को नियुक्त किया। द्रोण के साथ प्रषत् नामक राजा के पुत्र द्रुपद भी शिक्षा प्राप्त कर रहे थे तथा दोनों में प्रगाढ़ मैत्री हो गई।

उन्हीं दिनों परशुराम अपनी समस्त सम्पत्ति को ब्राह्मणों में दान कर के महेन्द्राचल पर्वत पर तप कर रहे थे। एक बार द्रोण उनके पास पहुँचे और उनसे दान देने का अनुरोध किया। इस पर परशुराम बोले, वत्स तुम विलम्ब से आये हो, मैंने तो अपना सब कुछ पहले से ही ब्राह्मणों को दान में दे डाला है। अब मेरे पास केवल अस्त्र-शस्त्र ही शेष बचे हैं। तुम चाहो तो उन्हें दान में ले सकते हो। द्रोण यही तो चाहते थे अतः उन्होंने कहा, हे गुरुदेव आपके अस्त्र-शस्त्र प्राप्त कर के मुझे अत्यधिक प्रसन्नता होगी, किन्तु आप को मुझे इन अस्त्र-शस्त्रों की शिक्षा-दीक्षा देनी होगी तथा विधि-विधान भी बताना होगा। इस प्रकार परशुराम के शिष्य बन कर द्रोण अस्त्र-शस्त्रादि सहित समस्त विद्याओं के अभूतपूर्व ज्ञाता हो गये।

शिक्षा प्राप्त करने के पश्चात द्रोण का विवाह कृपाचार्य की बहन कृपी के साथ हो गया। कृपी से उनका एक पुत्र हुआ। उनके उस पुत्र के मुख से जन्म के समय अश्व की ध्वनि

निकली इसलिये उसका नाम अश्वत्थामा रखा गया। किसी प्रकार का राजाश्रय प्राप्त न होने के कारण द्रोण अपनी पत्नी कृपी तथा पुत्र अश्वत्थामा के साथ निर्धनता के साथ रह रहे थे। एक दिन उनका पुत्र अश्वत्थामा दूध पीने के लिये मचल उठा किन्तु अपनी निर्धनता के कारण द्रोण पुत्र के लिये गाय के दूध की व्यवस्था न कर सके। अकस्मात् उन्हें अपने बाल्यकाल के मित्र राजा द्रुपद का स्मरण हो आया जो कि पाञ्चाल देश के नरेश बन चुके थे। द्रोण ने द्रुपद के पास जाकर कहा, मित्र मैं तुम्हारा सहपाठी रह चुका हूँ। मुझे दूध के लिये एक गाय की आवश्यकता है और तुमसे सहायता प्राप्त करने की अभिलाषा ले कर मैं तुम्हारे पास आया हूँ।

इस पर द्रुपद अपनी पुरानी मित्रता को भूलकर तथा स्वयं के नरेश होने के अहंकार के वश में आकर द्रोण पर बिगड़ उठे और कहा, तुम्हें मुझको अपना मित्र बताते हुये लज्जा नहीं आती? मित्रता केवल समान वर्ग के लोगों में होती है, तुम जैसे निर्धन और मुझ जैसे राजा में नहीं।

अपमानित होकर द्रोण वहाँ से लौट आये और कृपाचार्य के घर गुप्त रूप से रहने लगे। एक दिन युधिष्ठिर आदि राजकुमार जब गेंद खेल रहे थे तो उनकी गेंद एक कुएँ में जा गिरी। उधर से गुजरते हुये द्रोण से राजकुमारों ने गेंद को कुएँ से निकालने लिये सहायता माँगी। द्रोण ने कहा, यदि तुम लोग मेरे तथा मेरे परिवार के लिये भोजन का प्रबन्ध करो तो मैं तुम्हारा गेंद निकाल दूँगा।

युधिष्ठिर बोले, देव यदि हमारे पितामह की अनुमति होगी तो आप सदा के लिये भोजन पा सकेंगे। द्रोणाचार्य ने तत्काल एक मुट्ठी सींक लेकर उसे मन्त्र से अभिमन्त्रित किया और एक सींक से गेंद को छेदा। फिर दूसरे सींक से गेंद में फँसे सींक को छेदा। इस प्रकार सींक से सींक को छेदते हुये गेंद को कुएँ से निकाल दिया।

इस अद्भुत प्रयोग के विषय में तथा द्रोण के समस्त विषयों मे प्रकाण्ड पण्डित होने के विषय में ज्ञात होने पर भीष्म पितामह ने उन्हें राजकुमारों के उच्च शिक्षा के नियुक्त कर राजाश्रय में ले लिया और वे द्रोणाचार्य के नाम से विख्यात हुये।

3

धृतराष्ट्र,पाण्डु तथा विदुर

सत्यवती के चित्रांगद और विचित्रवीर्य नामक दो पुत्र हुये। शान्तनु का स्वर्गवास चित्रांगद और विचित्रवीर्य के बाल्यकाल में ही हो गया था इसलिये उनका पालन पोषण भीष्म ने किया। भीष्म ने चित्रांगद के बड़े होने पर उन्हें राजगद्दी पर बिठा दिया लेकिन कुछ ही काल में गन्धर्वों से युद्ध करते हुये चित्रांगद मारा गया। इस पर भीष्म ने उनके अनुज विचित्रवीर्य को राज्य सौंप दिया। अब भीष्म को विचित्रवीर्य के विवाह की चिन्ता हुई। उन्हीं दिनों काशीराज की तीन कन्याओं, अम्बा, अम्बिका और अम्बालिका का स्वयंवर होने वाला था। उनके स्वयंवर में जाकर अकेले ही भीष्म ने वहाँ आये समस्त राजाओं को परास्त कर दिया और तीनों कन्याओं का हरण कर के हस्तिनापुर ले आये। बड़ी कन्या अम्बा ने भीष्म को बताया कि वह अपना तन-मन राजा शाल्व को अर्पित कर चुकी है। उसकी बात सुन कर भीष्म ने उसे राजा शाल्व के पास भिजवा दिया और अम्बिका और अम्बालिका का विवाह विचित्रवीर्य के साथ करवा दिया।

राजा शाल्व ने अम्बा को ग्रहण नहीं किया अतः वह हस्तिनापुर लौट कर आ गई और भीष्म से बोली, हे आर्य आप मुझे हर कर लाये हैं अतएव आप मुझसे विवाह करें। किन्तु भीष्म ने अपनी प्रतिज्ञा के कारण उसके अनुरोध को स्वीकार नहीं किया। अम्बा रुष्ट हो कर परशुराम के पास गई और उनसे अपनी व्यथा सुना कर सहायता माँगी। परशुराम ने अम्बा से कहा, हे देवि आप चिन्ता न करें, मैं आपका विवाह भीष्म के साथ करवाऊँगा। परशुराम ने भीष्म को बुलावा भेजा किन्तु भीष्म उनके पास नहीं गये। इस पर क्रोधित होकर परशुराम भीष्म के पास पहुँचे और दोनों वीरों में भयानक युद्ध छिड़ गया। दोनों ही अभूतपूर्व योद्धा थे इसलिये हार-जीत का फैसला नहीं हो सका। आखिर देवताओं ने हस्तक्षेप कर के इस युद्ध को बन्द करवा दिया। अम्बा निराश हो कर वन में तपस्या करने चली गई।

विचित्रवीर्य अपनी दोनों रानियों के साथ भोग विलास में रत हो गये किन्तु दोनों ही रानियों से उनकी कोई सन्तान नहीं हुई और वे क्षय रोग से पीड़ित हो कर मृत्यु को प्राप्त हो गये।

अब कुल नाश होने के भय से माता सत्यवती ने एक दिन भीष्म से कहा, पुत्र इस वंश को नष्ट होने से बचाने के लिये मेरी आज्ञा है कि तुम इन दोनों रानियों से पुत्र उत्पन्न करो। माता की बात सुन कर भीष्म ने कहा, माता मैं अपनी प्रतिज्ञा किसी भी स्थिति में भंग नहीं कर सकता।

यह सुन कर माता सत्यवती को अत्यन्त दुःख हुआ। अचानक उन्हें अपने पुत्र वेदव्यास का स्मरण हो आया। स्मरण करते ही वेदव्यास वहाँ उपस्थित हो गये। सत्यवती उन्हें देख कर बोलीं, हे पुत्र तुम्हारे सभी भाई निःसन्तान ही स्वर्गवासी हो गये। अतः मेरे वंश को नाश होने से बचाने के लिये मैं तुम्हें आज्ञा देती हूँ कि तुम उनकी पत्नियों से सन्तान उत्पन्न करो। वेदव्यास उनकी आज्ञा मान कर बोले, माता आप उन दोनों रानियों से कह दीजिये कि वे एक वर्ष तक नियम-व्रत का पालन करते रहें तभी उनको गर्भ धारण होगा। एक वर्ष व्यतीत हो जाने पर वेदव्यास सबसे पहले बड़ी रानी अम्बिका के पास गये। अम्बिका ने उनके तेज से डर कर अपने नेत्र बन्द कर लिये। वेदव्यास लौट कर माता से बोले, माता अम्बिका का बड़ा तेजस्वी पुत्र होगा किन्तु नेत्र बन्द करने के दोष के कारण वह अंधा होगा। सत्यवती को यह सुन कर अत्यन्त दुःख हुआ और उन्हों ने वेदव्यास को छोटी रानी अम्बालिका के पास भेजा।

अम्बालिका वेदव्यास को देख कर भय से पीली पड़ गई। उसके कक्ष से लौटने पर वेदव्यास ने सत्यवती से कहा, माता अम्बालिका के गर्भ से पाण्डु रोग से ग्रसित पुत्र होगा। इससे माता सत्यवती को और भी दुःख हुआ और उन्होंने बड़ी रानी अम्बालिका को पुनः वेदव्यास के पास जाने का आदेश दिया। इस बार बड़ी रानी ने स्वयं न जा कर अपनी दासी को वेदव्यास के पास भेज दिया। दासी ने आनन्दपूर्वक वेदव्यास से भोग कराया। इस बार वेदव्यास ने माता सत्यवती के पास आ कर कहा, माते इस दासी के गर्भ से वेद-वेदान्त में पारंगत अत्यन्त नीतिवान पुत्र उत्पन्न होगा। इतना कह कर वेदव्यास तपस्या करने चले गये।

समय आने पर अम्बिका के गर्भ से जन्मांध धृतराष्ट्र, अम्बालिका के गर्भ से पाण्डु रोग से ग्रसित पाण्डु तथा दासी के गर्भ से धर्मात्मा विदुर का जन्म हुआ।

4

पाण्डु का राज्य अभिषेक

धृतराष्ट्र जन्म से ही अन्धे थे अतः उनकी जगह पर पाण्डु को राजा बनाया गया,इससे धृतराष्ट्र को सदा अपनी नेत्रहीनता पर क्रोध आता और पाण्डु से द्वेषभावना होने लगती।पाण्डु ने सम्पूर्ण भारतवर्ष को जीतकर कुरु राज्य की सीमाओ का यवनो के देश तक विस्तार कर दिया।एक बार राजा पाण्डु अपनी दोनों पत्नियों – कुन्ती तथा माद्री – के साथ आखेट के लिये वन में गये। वहाँ उन्हें एक मृग का प्रणयरत जोड़ा दृष्टिगत हुआ। पाण्डु ने तत्काल अपने बाण से उस मृग को घायल कर दिया। मरते हुये मृगरुपधारी निर्दोष ऋषि ने पाण्डु को शाप दिया, राजन तुम्हारे समान क्रूर पुरुष इस संसार में कोई भी नहीं होगा। तूने मुझे प्रणय के समय बाण मारा है अतः जब कभी भी तू प्रणयरत होगा तेरी मृत्यु हो जायेगी।

इस शाप से पाण्डु अत्यन्त दुःखी हुये और अपनी रानियों से बोले, हे देवियों अब मैं अपनी समस्त वासनाओं का त्याग कर के इस वन में ही रहूँगा तुम लोग हस्तिनापुर लौट जाओ उनके वचनों को सुन कर दोनों रानियों ने दुःखी होकर कहा, नाथ हम आपके बिना एक क्षण भी जीवित नहीं रह सकतीं।

आप हमें भी वन में अपने साथ रखने की कृपा कीजिये। पाण्डु ने उनके अनुरोध को स्वीकार कर के उन्हें वन में अपने साथ रहने की अनुमति दे दी।इसी दौरान राजा पाण्डु ने अमावस्या के दिन ऋषि-मुनियों को ब्रह्मा जी के दर्शनों के लिये जाते हुये देखा। उन्होंने उन ऋषि-मुनियों से स्वयं को साथ ले जाने का आग्रह किया। उनके इस आग्रह पर ऋषि-मुनियों ने कहा, राजन् कोई भी निःसन्तान पुरुष ब्रह्मलोक जाने का अधिकारी नहीं हो सकता अतः हम आपको अपने साथ ले जाने में असमर्थ हैं।

ऋषि-मुनियों की बात सुन कर पाण्डु अपनी पत्नी से बोले, हे कुन्ती मेरा जन्म लेना ही वृथा हो रहा है क्योंकि सन्तानहीन व्यक्ति पितृ-ऋण, ऋषि-ऋण, देव-ऋण तथा मनुष्य-ऋण से मुक्ति नहीं पा सकता क्या तुम पुत्र प्राप्ति के लिये मेरी सहायता कर सकती हो? कुन्ती बोली, हे आर्यपुत्र दुर्वासा ऋषि ने मुझे ऐसा मन्त्र प्रदान किया है जिससे मैं किसी भी देवता का आह्वान करके मनोवांछित वस्तु प्राप्त कर सकती हूँ। आप आज्ञा करें मैं किस

देवता को बुलाऊँ। इस पर पाण्डु ने धर्म को आमन्त्रित करने का आदेश दिया। धर्म ने कुन्ती को पुत्र प्रदान किया जिसका नाम युधिष्ठिर रखा गया। कालान्तर में पाण्डु ने कुन्ती को पुनः दो बार वायुदेव तथा इन्द्रदेव को आमन्त्रित करने की आज्ञा दी। वायुदेव से भीम तथा इन्द्र से अर्जुन की उत्पत्ति हुई

। तत्पश्चात् पाण्डु की आज्ञा से कुन्ती ने माद्री को उस मन्त्र की दीक्षा दी। माद्री ने अश्वनीकुमारों को आमन्त्रित किया और नकुल तथा सहदेव का जन्म हुआ।

एक दिन राजा पाण्डु माद्री के साथ वन में सरिता के तट पर भ्रमण कर रहे थे। वातावरण अत्यन्त रमणीक था और शीतल-मन्द-सुगन्धित वायु चल रही थी। सहसा वायु के झोंके से माद्री का वस्त्र उड़ गया। इससे पाण्डु का मन चंचल हो उठा और वे प्रणय मे प्रवृत हुये ही थे कि शापवश उनकी मृत्यु हो गई। माद्री उनके साथ सती हो गई किन्तु पुत्रों के पालन-पोषण के लिये कुन्ती हस्तिनापुर लौट आई।वहा रहने वाले ऋषि मुनि पाण्ड्वो को राजमहल छोड़ कर आ गये,ऋषि मुनि तथा कुन्ती के कहने पर सभी ने पाण्ड्वो को पाण्डु का पुत्र मान लिया और उनका स्वागत किया।

5

कर्ण का जन्म

धृतराष्ट्र, पाण्डु और विदुर के लालन पालन का भार भीष्म के ऊपर था। तीनों पुत्र बड़े होने पर विद्या-अध्ययन के लिए भेजे गए। धृतराष्ट्र बल विद्या में, पाण्डु धनुर्विद्या में तथा विदुर धर्म और नीति में निपुण हुए। युवा होने पर धृतराष्ट्र अन्धे होने के कारण राज्य के उत्तराधिकारी न बन सके। विदुर दासीपुत्र थे इसलिये पाण्डु को ही हस्तिनापुर का राजा घोषित किया गया। भीष्म ने धृतराष्ट्र का विवाह गांधार की राजकुमारी गांधारी से कर दिया। गांधारी को जब ज्ञात हुआ कि उसका पति अन्धा है तो उसने स्वयं अपनी आँखों पर पट्टी बाँध ली। उन्हीं दिनों यदुवंशी राजा शूरसेन की पोषित कन्या कुन्ती जब सयानी हुई तो पिता ने उसे घर आये हुये महात्माओं के सेवा में लगा दिया।

पिता के अतिथिगृह में जितने भी साधु-महात्मा, ऋषि-मुनि आदि आते, कुन्ती उनकी सेवा मन लगा कर किया करती थी। एक बार वहाँ दुर्वासा ऋषि आ पहुँचे। कुन्ती ने उनकी भी मन लगा कर सेवा की। कुन्ती की सेवा से प्रसन्न हो कर दुर्वासा ऋषि ने कहा, पुत्री मैं तुम्हारी सेवा से अत्यन्त प्रसन्न हुआ हूँ अतः तुझे एक ऐसा मन्त्र देता हूँ जिसके प्रयोग से तू जिस देवता का स्मरण करेगी वह तत्काल तेरे समक्ष प्रकट हो कर तेरी मनोकामना पूर्ण करेगा। इस प्रकार दुर्वासा ऋषि कुन्ती को मन्त्र प्रदान कर के चले गये।

एक दिन कुन्ती ने उस मन्त्र की सत्यता की जाँच करने के लिये एकान्त स्थान पर बैठ कर उस मन्त्र का जाप करते हुये सूर्यदेव का स्मरण किया। उसी क्षण सूर्यदेव वहा प्रकट हो कर बोले, देवि मुझे बताओ कि तुम मुझ से किस वस्तु की अभिलाषा करती हो। मैं तुम्हारी अभिलाषा अवश्य पूर्ण करूँगा। इस पर कुन्ती ने कहा, हे देव मुझे आपसे किसी भी प्रकार की अभिलाषा नहीं है। मैंने तो केवल मन्त्र की सत्यता परखने के लिये ही उसका जाप किया है। कुन्ती के इन वचनों को सुन कर सूर्यदेव बोले, हे कुन्ती मेरा आना व्यर्थ नहीं जा सकता। मैं तुम्हें एक अत्यन्त पराक्रमी तथा दानशील पुत्र प्रदान करता हूँ। इतना कह कर सूर्यदेव अन्तर्ध्यान हो गये।

कुन्ती ने लज्जावश यह बात किसी से नहीं कह सकी। समय आने पर उसके गर्भ से कवच-कुण्डल धारण किये हुये एक पुत्र उत्पन्न हुआ। कुन्ती ने उसे एक मंजूषा में रख कर रात्रि बेला में गंगा में बहा दिया। वह बालक बहता हुआ उस स्थान पर पहुँचा जहाँ पर धृतराष्ट्र का सारथी अधिरथ अपने अश्व को गंगा नदी में जल पिला रहा था। उसकी दृष्टि कवच-कुण्डल धारी शिशु पर पड़ी। अधिरथ निःसन्तान था इसलिये उसने बालक को अपने छाती से लगा लिया और घर ले जाकर उसे अपने पुत्र के जैसा पालने लगा। उस बालक के कान अति सुन्दर थे इसलिये उसका नाम कर्ण रखा गया।कर्ण गंगाजी में बहता हुआ जा रहा था कि महाराज धृतराष्ट्र के सारथी अधिरथ और उनकी पत्न राधा ने उसे देखा और उसे गोद ले लिया और उसका लालन पालन करने लगे।

कुमार अवास्था से ही कर्ण की रुचि अपने पिता अधिरथ के समान रथ चलाने कि बजाय युद्धकला में अधिक थी।

कर्ण और उसके पिता अधिरथ आचार्य द्रोण से मिले जो कि उस समय युद्धकला के सर्वश्रेष्ठ आचार्यों में से एक थे। द्रोणाचार्य उस समय कुरु राजकुमारों को शिक्षा दिया करते थे। उन्होने कर्ण को शिक्षा देने से मना कर दिया क्योंकि कर्ण एक सारथी पुत्र था, और द्रोण केवल क्षत्रियों को ही शिक्षा दिया करते थे। द्रोणाचार्य की असम्मति के उपरान्त कर्ण ने परशुराम से सम्पर्क किया जो कि केवल ब्राह्मणों को ही शिक्षा दिया करते थे। कर्ण ने स्वयं को ब्राह्मण बताकर परशुराम से शिक्षा का आग्रह किया। परशुराम ने कर्ण का आग्रह स्वीकार किया और कर्ण को अपने समान ही युद्धकला और धनुर्विद्या में निष्णात किया।

कर्ण को उसके गुरु परशुराम और पृथ्वी माता से श्राप मिला था। कर्ण की शिक्षा अपने अंतिम चरण पर थी। एक दोपहर की बात है, गुरु परशुराम कर्ण की जंघा पर सिर रखकर विश्राम कर रहे थे। कुछ देर बाद कहीं से एक बिच्छु आया और उसकी दूसरी जंघा पर काट कर घाव बनाने लगा।

गुरु का विश्राम भंग ना हो इसलिए कर्ण बिच्छु को दूर ना हटाकर उसके डंक को सहता रहा। कुछ देर में गुरुजी की निद्रा टूटी, और उन्होनें देखा की कर्ण की जांघ से बहुत रक्त बह रहा है। उन्होनें कहा कि केवल किसी क्षत्रिय में ही इतनी सहनशीलता हो सकती है कि वह बिच्छु डंक को सह ले, ना कि किसी ब्राह्मण में, और परशुरामजी ने उसे मिथ्या भाषण के कारण श्राप दिया कि जब भी कर्ण को उनकी दी हुई शिक्षा की सर्वाधिक आवश्यकता होगी, उसदिन वह उसके काम नहीं आएगी। कर्ण, जो कि स्वयं ये नहीं जानता था कि वह किस वंश से है, ने अपने गुरु से क्षमा माँगी और कहा कि उसके स्थान पर यदि कोई और शिष्य भी होता तो वो भी यही करता।

यद्यपि कर्ण को क्रोधवश श्राप देने पर उन्हें ग्लानि हुई पर वे अपना श्राप वापस नहीं ले सकते थे। तब उन्होनें कर्ण को अपना विजय नामक धनुष प्रदान किया और उसे ये आशीर्वाद दिया कि उसे वह वस्तु मिलेगी जिसे वह सर्वाधिक चाहता है – अमिट प्रसिद्धि। कुछ लोककथाओं में में माना जाता है कि बिच्छु के रुप में स्वयं इन्द्र थे, जो उसकी वास्तविक

क्षत्रिय पहचान को उजागर करना चाहते थे।

परशुरामजी के आश्रम से जाने के पश्चात, कर्ण कुछ समय तक भटकता रहा। इस दौरान वह 'शब्दभेदी' विद्या सीख रहा था। अभ्यास के दौरान उसने एक गाय के बछड़े को कोई वनीय पशु समझ लिया और उस पर शब्दभेदी बाण चला दिया और बछड़ा मारा गया। तब उस गाय के स्वामी ब्राह्मण ने कर्ण को श्राप दिया कि जिस प्रकार उसने एक असहाय पशु को मारा है, वैसे ही एक दिन वह भी मारा जाएगा जब वह सबसे अधिक असहाय होगा और जब उसका सारा ध्यान अपने शत्रु से कहीं अलग किसी और काम पर होगा।

इस प्रकार कर्ण परशुराम का एक अत्यंत परिश्रमी और निपुण शिष्य बना।कर्ण दुर्योधन के आश्रय में रहता था।गुरु द्रोणाचार्य ने अपने शिष्यों की शिक्षा पूरी होने पर हस्तिनापुर में एक रंगभूमि का आयोजन करवाया। रंगभूमि में अर्जुन विशेष धनुर्विद्या युक्त शिष्य प्रमाणित हुआ।

तभी कर्ण रंगभूमी में आया और अर्जुन द्वारा किए गए करतबों को पार करके उसे द्वंद्वयुद्ध के लिए ललकारा। कब कृपाचार्य ने कर्ण के द्वंद्वयुद्ध को अस्वीकृत कर दिया और उससे उसके वंश और साम्राज्य के विषय में पूछा – क्योंकि द्वंद्वयुद्ध के नियमों के अनुसार केवल एक राजकुमार ही अर्जुन को, जो हस्तिनापुर का राजकुमार था, द्वंद्वयुद्ध के लिए ललकार सकता था। तब कौरवों मे सबसे ज्येष्ठ दुर्योधन ने कर्ण को अंगराज घोषित किया जिससे वह अर्जुन से द्वंदयुद्ध के योग्य हो जाए। जब कर्ण ने दुर्योधन से पूछा कि वह उससे इसके बदले में क्या चाहता है, तब दुर्योधन ने कहा कि वह केवल ये चाहता है कि कर्ण उसका मित्र बन जाए। इस घटना के बाद महाभारत के कुछ मुख्य संबंध स्थापित हुए, जैसे दुर्योधन और कर्ण के बीच सुदृढ़ संबंध बनें, कर्ण और अर्जुन के बीच तीव्र प्रतिद्वंद्विता, और पाण्डवों तथा कर्ण के बीच वैमनस्य।

कर्ण, दुर्योधन का एक निष्ठावान और सच्चा मित्र था।यद्यपि वह बाद में दुर्योधन को खुश करने के लिए द्यूतक्रीड़ा में भागीदारी करता है, लेकिन वह आरंभ से ही इसके विरुद्ध था। कर्ण शकुनि को पसंद नहीं करता था, और सदैव दुर्योधन को यही परमर्श देता कि वह अपने शत्रुओं को परास्त करने के लिए अपने युद्ध कौशल और बाहुबल का प्रयोग करे ना कि कुटिल चालों का। जब लाक्षागृह में पाण्डवों को मारने का प्रयास विफल हो जाता है, तब कर्ण दुर्योधन को उसकी कायरता के लिए डांटता है, और कहता है कि कायरों की सभी चालें विफल ही होती हैं और उसे समझाता है कि उसे एक योद्धा के समान कार्य करना चाहिए और उसे जो कुछ भी प्राप्त करना है, उसे अपनी वीरता द्वारा प्राप्त करे।

चित्रांगद की राजकुमारी से विवाह करने में भी कर्ण ने दुर्योधन की सहायता की थी। अपने स्वयंवर में उसने दुर्योधन को अस्वीकार कर दिया और तब दुर्योधन उसे बलपूर्वक उठा कर ले गया। तब वहाँ उपस्थित अन्य राजाओं ने उसका पीछा किया, लेकिन कर्ण ने अकेले ही उन सबको परास्त कर दिया। परास्त राजाओ मे जरासध, शिशुपाल, दतवक्र, साल्व, और रुक्मी इत्यादि थे। कर्ण की प्रशंसा स्वरूप, जरसंध ने कर्ण को मगध का एक भाग दे दिया।

भीम ने बाद में श्रीकृष्ण की सहायता से जरासंध को परास्त किया लेकिन उससे बहुत पहले कर्ण ने उसे अकेले परास्त किया था। कर्ण ही ने जरासंध की इस दुर्बलता को उजागर किया था कि उसकी मृत्यु केवल उसके धड़ को पैरों से चीर कर दो टुकड़ो मे बाँट कर हो सकती है।

6

एकलव्य की गुरुभक्ति

एकलव्य महाभारत का एक पात्र है। वह हिरण्य धनु नामक निषाद का पुत्र था। एकलव्य को अप्रतिम लगन के साथ स्वयं सीखी गई धनुर्विद्या और गुरुभक्ति के लिए जाना जाता है। पिता की मृत्यु के बाद वह श्रृंगबेर राज्य का शासक बना। अमात्य परिषद की मंत्रणा से उसने न केवल अपने राज्य का संचालन करता है, बल्कि निषाद भीलों की एक सशक्त सेना और नौसेना गठित कर के अपने राज्य की सीमाओं का विस्तार किया।

महाभारत में वर्णित कथा के अनुसार एकलव्य धनुर्विद्या सीखने के उद्देश्य से द्रोणाचार्य के आश्रम में आया किन्तु निषादपुत्र होने के कारण द्रोणाचार्य ने उसे अपना शिष्य बनाना स्वीकार नहीं किया। निराश हो कर एकलव्य वन में चला गया। उसने द्रोणाचार्य की एक मूर्ति बनाई और उस मूर्ति को गुरु मान कर धनुर्विद्या का अभ्यास करने लगा। एकाग्रचित्त से साधना करते हुये अल्पकाल में ही वह धनुर्विद्या में अत्यन्त निपुण हो गया। एक दिन पाण्डव तथा कौरव राजकुमार गुरु द्रोण के साथ आखेट के लिये उसी वन में गये जहाँ पर एकलव्य आश्रम बना कर धनुर्विद्या का अभ्यास कर रहा था। राजकुमारों का कुत्ता भटक कर एकलव्य के आश्रम में जा पहुँचा। एकलव्य को देख कर वह भौंकने लगा। कुत्ते के भौंकने से एकलव्य की साधना में बाधा पड़ रही थी अतः उसने अपने बाणों से कुत्ते का मुँह बंद कर दिया।

एकलव्य ने इस कौशल से बाण चलाये थे कि कुत्ते को किसी प्रकार की चोट नहीं लगी। कुत्ते के लौटने पर कौरव, पांडव तथा स्वयं द्रोणाचार्य यह धनुर्कौशल देखकर दंग रह गए और बाण चलाने वाले की खोज करते हुए एकलव्य के पास पहुँचे। उन्हें यह जानकर और भी आश्चर्य हुआ कि द्रोणाचार्य को मानस गुरु मानकर एकलव्य ने स्वयं ही अभ्यास से यह विद्या प्राप्त की है। कथा के अनुसार एकलव्य ने गुरुदक्षिणा के रूप में अपना अँगूठा काटकर द्रोणाचार्य को दे दिया था।

इसका एक सांकेतिक अर्थ यह भी हो सकता है कि एकलव्य को अतिमेधावी जानकर द्रोणाचार्य ने उसे बिना अँगूठे के धनुष चलाने की विशेष विद्या का दान दिया हो। कहते हैं कि

अंगूठा कट जाने के बाद एकलव्य ने तर्जनी और मध्यमा अंगुली का प्रयोग कर तीर चलाने लगा। यहीं से तीरंदाजी करने के आधुनिक तरीके का जन्म हुआ। निःसन्देह यह बेहतर तरीका है और आजकल तीरंदाजी इसी तरह से होती है। वर्तमान काल में कोई भी व्यक्ति उस तरह से तीरंदाजी नहीं करता जैसा कि अर्जुन करता था।

7

लाक्षाग्रह षड्यंत्र

दैवयोग तथा शकुनि के छल कपट से कौरवों और पाण्डवों में वैर की आग प्रज्वलित हो उठी। दुर्योधन बड़ी खोटी बुद्धि का मनुष्य था। उसने शकुनि के कहने पर पाण्ड्वो को बचपन मे कई बार मारने का प्रयत्न किया ।युवावस्था मे आकर जब गुणो मे उससे अधिक श्रेष्ठ युधिष्ठर को युवराज बना दिया गया तो शकुनि ने लाक्ष के बने हुए धर में पाण्डवों को रखकर आग लगाकर उन्हें जलाने का प्रयत्न किया किन्तु विदुर की सहायता से पाँचों पाण्डव अपनी माता के साथ उस जलते हुए घर से बाहर निकल गये।अपने उत्तम गुणों के कारण युधिष्ठिर हस्तिनापुर के प्रजाजनों में अत्यन्त लोकप्रिय हो गये।

उनके गुणों तथा लोकप्रियता को देखते हुये भीष्म पितामह ने धृतराष्ट्र से युधिष्ठिर के राज्याभिषेक कर देने के लिये कहा। दुर्योधन नहीं चाहता था कि युधिष्ठिर राजा बने अतः उसने अपने पिता धृतराष्ट्र से कहा, "पिताजी यदि एक बार युधिष्ठिर को राजसिंहासन प्राप्त हो गया तो यह राज्य सदा के लिये पाण्डवों के वंश का हो जायेगा और हम कौरवों को उनका सेवक बन कर रहना पड़ेगा।" इस पर धृतराष्ट्र बोले, "वत्स दुर्योधन युधिष्ठिर हमारे कुल के सन्तानों में सबसे बड़ा है इसलिये इस राज्य पर उसी का अधिकार है। फिर भीष्म तथा प्रजाजन भी उसी को राजा बनाना चाहते हैं।

हम इस विषय में कुछ भी नहीं कर सकते।" धृतराष्ट्र के वचनों को सुन कर दुर्योधन ने कहा, "पिताजी मैंने इसका प्रबन्ध कर लिया है। बस आप किसी तरह पाण्डवों को वारणावत भेज दें।" दुर्योधन ने वारणावत में पाण्डवों के निवास के लिये पुरोचन नामक शिल्पी से एक भवन का निर्माण करवाया था जो कि लाख, चर्बी, सूखी घास, मूंज जैसे अत्यन्त ज्वलनशील पदार्थों से बना था। दुर्योधन ने पाण्डवों को उस भवन में जला डालने का षड़यन्त्र रचा था। धृतराष्ट्र के कहने पर युधिष्ठिर अपनी माता तथा भाइयों के साथ वारणावत जाने के लिये निकल पड़े।

दुर्योधन के षड़यन्त्र के विषय में विदुर को पता चल गया।

अतः वे वारणावत जाते हुये पाण्डवों से मार्ग मे मिले तथा उनसे बोले, “देखो, दुर्योधन ने तुम लोगों के रहने के लिये वारणावत नगर में एक ज्वलनशील पदार्थों एक भवन बनवाया है जो आग लगते ही भड़क उठेगा। इसलिये तुम लोग भवन के अन्दर से वन तक पहुँचने के लिये एक सुरंग अवश्य बनवा लेना जिससे कि आग लगने पर तुम लोग अपनी रक्षा कर सको। मैं सुरंग बनाने वाला कारीगर चुपके से तुम लोगों के पास भेज दूँगा। तुम लोग उस लाक्षागृह में अत्यन्त सावधानी के साथ रहना।” वारणावत में युधिष्ठिर ने अपने चाचा विदुर के भेजे गये कारीगर की सहायता से गुप्त सुरंग बनवा लिया। पाण्डव नित्य आखेट के लिये वन जाने के बहाने अपने छिपने के लिये स्थान की खोज करने लगे।

कुछ दिन इसी तरह बिताने के बाद एक दिन यधिष्ठिर ने भीमसेन से कहा, “भीम अब दुष्ट पुरोचन को इसी लाक्षागृह में जला कर हमें भाग निकलना चाहिये।” भीम ने उसी रात्रि पुरोचन को किसी बहाने बुलवाया और उसे उस भवन के एक कक्ष में बन्दी बना दिया। उसके पश्चात् भवन में आग लगा दिया और अपनी माता कुन्ती एवं भाइयों के साथ सुरंग के रास्ते वन में भाग निकले। लाक्षागृह के भस्म होने का समाचार जब हस्तिनापुर पहुँचा तो पाण्डवों को मरा समझ कर वहाँ की प्रजा अत्यन्त दुःखी हुई। दुर्योधन और धृतराष्ट्र सहित सभी कौरवों ने भी शोक मनाने का दिखावा किया और अन्त में उन्होंने पाण्डवों की अन्त्येष्टि करवा दी।

8

द्रौपदी स्वयंवर

स्वयंवर सभा में अनेक देशों के राजा-महाराजा एवं राजकुमार पधारे हुये थे। एक ओर श्री कृष्ण अपने बड़े भाई बलराम तथा गणमान्य यदुवंशियों के साथ विराजमान थे। वहाँ वे ब्राह्मणों की पंक्ति में जा कर बैठ गये। कुछ ही देर में राजकुमारी द्रौपदी हाथ में वरमाला लिये अपने भाई धृष्टद्युम्न के साथ उस सभा में पहुँचीं।

धृष्टद्युम्न ने सभा को सम्बोधित करते हुये कहा, हे विभिन्न देश से पधारे राजा-महाराजाओं एवं अन्य गणमान्य जनों इस मण्डप में बने स्तम्भ के ऊपर बने हुये उस घूमते हुये यंत्र पर ध्यान दीजिये। उस यन्त्र में एक मछली लटकी हुई है तथा यंत्र के साथ घूम रही है। आपको स्तम्भ के नीचे रखे हुये तैलपात्र में मछली के प्रतिबिम्ब को देखते हुये बाण चला कर मछली की आँख को निशाना बनाना है। मछली की आँख में सफल निशाना लगाने वाले से मेरी बहन द्रौपदी का विवाह होगा।

एक के बाद एक सभी राजा-महाराजा एवं राजकुमारों ने मछली पर निशाना साधने का प्रयास किया किन्तु सफलता हाथ न लगी और वे कान्तिहीन होकर अपने स्थान में लौट आये। इन असफल लोगों में जरासंध, शल्य, शिशुपाल तथा दुर्योधन दुशासन आदि कौरव भी सम्मिलित थे। कौरवों के असफल होने पर दुर्योधन के परम मित्र कर्ण ने मछली को निशाना बनाने के लिये धनुष उठाया किन्तु उन्हें देख कर द्रौपदी बोल उठीं, यह सूतपुत्र है इसलिये मैं इसका वरण नहीं कर सकती।

द्रौपदी के वचनों को सुन कर कर्ण ने लज्जित हो कर धनुष बाण रख दिया। उसके पश्चात् ब्राह्मणों की पंक्ति से उठ कर अर्जुन ने निशाना लगाने के लिये धनुष उठा लिया। एक ब्राह्मण को राजकुमारी के स्वयंवर के लिये उद्यत देख वहाँ उपस्थित जनों को अत्यन्त आश्चर्य हुआ किन्तु ब्राह्मणों के क्षत्रियों से अधिक श्रेष्ठ होने के कारण से उन्हें कोई रोक न सका।

अर्जुन ने तैलपात्र में मछली के प्रतिबिम्ब को देखते हुये एक ही बाण से मछली की आँख को भेद दिया। द्रौपदी ने आगे बढ़ कर अर्जुन के गले में वरमाला डाल दिया। एक ब्राह्मण

के गले में द्रौपदी को वरमाला डालते देख समस्त क्षत्रिय राजा-महाराजा एवं राजकुमारों ने क्रोधित हो कर अर्जुन पर आक्रमण कर दिया। अर्जुन की सहायता के लिये शेष पाण्डव भी आ गये और पाण्डवों तथा क्षत्रिय राजाओं में घमासान युद्ध होने लगा। श्री कृष्ण ने अर्जुन को पहले ही पहचान लिया था, इसलिये उन्होंने बीच बचाव करके युद्ध को शान्त करा दिया। दुर्योधन ने भी अनुमान लगा लिया कि निशाना लगाने वाला अर्जुन ही रहा होगा और उसका साथ देने वाले शेष पाण्डव रहे होंगे।

वारणावत के लाक्षागृह से पाण्डवों के बच निकलने पर उसे अत्यन्त आश्चर्य होने लगा। पाण्डव द्रौपदी को साथ ले कर वहाँ पहुँचे जहाँ वे अपनी माता कुन्ती के साथ निवास कर रहे थे। द्वार से ही अर्जुन ने पुकार कर अपनी माता से कहा, माते आज हम लोग आपके लिये एक अद्भुत् भिक्षा ले कर आये हैं। उस पर कुन्ती ने भीतर से ही कहा, पुत्रों तुम लोग आपस में मिल-बाँट उसका उपभोग कर लो। बाद में यह ज्ञात होने पर कि भिक्षा वधू के रूप में हैं, कुन्ती को अत्यन्त पश्चाताप हुआ किन्तु माता के वचनों को सत्य सिद्ध करने के लिये कुन्ती ने पाँचों पाण्डवों को पति के रूप में स्वीकार कर लिया।

पाण्डवों के द्रौपदी को साथ ले कर अपने निवास पर पहुँचने के कुछ काल पश्चात् उनके पीछे-पीछे कृष्ण भी वहाँ पर आ पहुँचे। कृष्ण ने अपनी बुआ कुन्ती के चरणस्पर्श कर के आशीर्वाद प्राप्त किया और सभी पाण्डवों से गले मिले। औपचारिकताएँ पूर्ण होने के पश्चात् युधिष्ठिर ने कृष्ण से पूछा, हे द्वारिकाधीश आपने हमारे इस अज्ञातवास में हमें पहचान कैसे लिया? कृष्ण ने उत्तर दिया, भीम और अर्जुन के पराक्रम को देखने के पश्चात् भला मैं आप लोगों को कैसे न पहचानता।

सभी से भेंट मुलाकात करके कृष्ण वहाँ से अपनी नगरी द्वारिका चले गये। फिर पाँचों भाइयों ने भिक्षावृति से भोजन सामग्री एकत्रित किया और उसे लाकर माता कुन्ती के सामने रख दिया। कुन्ती ने द्रौपदी से कहा, देवि इस भिक्षा से पहले देवताओं के अंश निकालो। फिर ब्राह्मणों को भिक्षा दो। तत्पश्चात् आश्रितों का अंश अलग करो। उसके बाद जो शेष बचे उसका आधा भाग भीम को और शेष आधा भाग हम सभी को भोजन के लिये परोसो। पतिव्रता द्रौपदी ने कुन्ती के आदेश का पालन किया। भोजन के पश्चात् कुशासन पर मृगचर्म बिछा कर वे सो गये। द्रौपदी माता के पैरों की ओर सोई। द्रौपदी के स्वयंवर के समय दुर्योधन के साथ ही साथ द्रुपद, धृष्तद्युम्न एवं अनेक अन्य लोगों को संदेह हो गया था कि वे ब्राह्मण पाण्डव ही हैं। उनकी परीक्षा करने के लिये द्रुपद ने धृष्टद्युम्न को भेज कर उन्हें अपने राजप्रासाद में बुलवा लिया। राजप्रासाद में द्रुपद एवं धृष्टद्युम्न ने पहले राजकोष को दिखाया किन्तु पाण्डवों ने वहाँ रखे रत्नाभूषणों तथा रत्न-माणिक्य आदि में किसी प्रकार की रुचि नहीं दिखाई। किन्तु जब वे शस्त्रागार में गये तो वहाँ रखे अस्त्र-शस्त्रों उन सभी ने बहुत अधिक रुचि प्रदर्शित किया और अपनी पसंद के शस्त्रों को अपने पास रख लिया। उनके क्रिया-कलाप से द्रुपद को विश्वास हो गया कि ये ब्राह्मण के रूप में योद्धा ही हैं।

द्रुपद ने युधिष्ठिर से पूछा, हे आर्य आपके पराक्रम को देख कर मुझे विश्वास हो गया है कि आप लोग ब्राह्मण नहीं हैं। कृपा करके आप अपना सही परिचय दीजिये। उनके वचनों को सुन कर युधिष्ठिर ने कहा, राजन् आपका कथन अक्षर सत्य है। हम पाण्डु-पुत्र पाण्डव हैं। मैं युधिष्ठिर हूँ और ये मेरे भाई भीमसेन, अर्जुन, नकुल एवं सहदेव हैं। हमारी माता कुन्ती आपकी पुत्री द्रौपदी के साथ आपके महल में हैं। युधिष्ठिर की बात सुन कर द्रुपद अत्यन्त प्रसन्न हुये और बोले, आज भगवान ने मेरी सुन ली। मैं चाहता था कि मेरी पुत्री का विवाह पाण्डु के पराक्रमी पुत्र अर्जुन के साथ ही हो।

मैं आज ही अर्जुन और द्रौपदी के विधिवत विवाह का प्रबन्ध करता हूँ। इस पर युधिष्ठिर ने कहा, राजन् द्रौपदी का विवाह तो हम पाँचों भाइयों के साथ होना है। यह सुन कर द्रुपद आश्चर्यचकित हो गये और बोले, यह कैसे सम्भव है? एक पुरुष की अनेक पत्नियाँ अवश्य हो सकती हैं, किन्तु एक स्त्री के पाँच पति हों ऐसा तो न कभी देखा गया है और न सुना ही गया है। युधिष्ठिर ने कहा, राजन् न तो मैं कभी मिथ्या भाषण करता हूँ और न ही कोई कार्य धर्म या शास्त्र के विरुद्ध करता हूँ। हमारी माता ने हम सभी भाइयों को द्रौपदी का उपभोग करने का आदेश दिया है और मैं माता की आज्ञा की अवहेलना कदापि नहीं कर सकता। इसी समय वहाँ पर वेदव्यास जी पधारे और उन्होंने द्रुपद को द्रौपदी के पूर्व जन्म में तपस्या से प्रसन्न हो कर शंकर भगवान के द्वारा पाँच पराक्रमी पति प्राप्त करने के वर देने की बात बताई।

वेदव्यास जी के वचनों को सुन कर द्रुपद का सन्देह समाप्त हो गया और उन्होंने अपनी पुत्री द्रौपदी का पाणिग्रहण संस्कार पाँचों पाण्डवों के साथ बड़े धूमधाम के साथ कर दिया। इस विवाह में विशेष बात यह हुई कि देवर्षि नारद ने स्वयं पधार कर द्रौपदी को प्रतिदिन कन्यारूप हो जाने का आशीर्वाद दिया। पाण्डवों के जीवित होने तथा द्रौपदी के साथ विवाह होने की बात तेजी से सभी ओर फैल गई। हस्तिनापुर में इस समाचार के मिलने पर दुर्योधन और उसके सहयोगियों के दुःख का पारावार न रहा। वे पाण्डवों को उनका राज्य लौटाना नहीं चाहते थे किन्तु भीष्म, विदुर, द्रोण आदि के द्वारा धृतराष्ट्र को समझाने तथा दबाव डालने के कारण उन्हें पाण्डवों को राज्य का आधा हिस्सा देने के लिये विवश होना पड़ गया। विदुर पाण्डवों को बुला लाये, धृतराष्ट्र, द्रोणाचार्य, कृपाचार्य, विकर्ण, चित्रसेन आदि सभी ने उनकी अगवानी की और राज्य का खाण्डव वन नामक हिस्सा उन्हें दे दिया गया। पाण्डवों ने उस खाण्डव वन में एक नगरी की स्थापना करके उसका नाम इन्द्रप्रस्थ रखा तथा इन्द्रप्रस्थ को राजधानी बना कर राज्य करने लगे। युधिष्ठिर की लोकप्रियता के कारण कौरवों के राज्य के अधिकांश प्रजाजन पाण्डवों के राज्य में आकर बस गये।

9

इन्द्रप्रस्थ की स्थापना

द्रौपदी स्वयंवर के पहले विदुर को छोड़ कर सभी पाण्ड्वो को मृत समझने लगे और इस कारण। धृतराष्ट्र ने इस कारण शकुनि के कहने पर दुर्योधन को युवराज बना दिया।द्रौपदी स्वयंवर के तत्पश्चात दुर्योधन आदि को पाण्ड्वो के जीवित होने का पता चला।पाण्ड्वो ने कौरवों से अपना राज्य मांगा परन्तु गृहयुद्ध के संकट से बचने के लिए युधिष्ठर ने कौरवों द्वारा दिए खण्डहर स्वरुप खाण्डववन आधे राज्य के रुप मे प्राप्त किया।पांडवों की पांचाल राजा द्रुपद की पुत्री द्रौपदी से विवाह उपरांत मित्रता के बाद वे काफ़ी शक्तिशाली हो गए थे। तब हस्तिनापुर के महाराज धृष्टराष्ट्र ने उन्हें राज्य में बुलाया। धृष्टराष्ट्र ने युधिष्ठिर को संबोधित करते हुए कहा, " हे कुंती पुत्र अपने भ्राताओं के संग जो मैं कहता हुं, सुनो।

तुम खांडवप्रस्थ के वन को हटा कर अपने लिए एक शहर का निर्माण करो, जिससे कि तुममें और मेरे पुत्रों में कोई अंतर ना रहे। यदि तुम अपने स्थान में रहोगे, तो तुमको कोई भी क्षति नहीं पहुंचा पाएगा। पार्थ द्वारा रक्षित तुम खांडवप्रस्थ में निवास करो, और आधा राज्य भोगो।" धृतराष्ट्र के कथनानुसार, पांडवों ने हस्तिनापुर से प्रस्थान किया। आधे राज्य के आश्वासन के साथ उन्होंने खांडवप्रस्थ के वनों को हटा दिया। उसके उपरांत पांडवों ने श्रीकृष्ण के साथ मय दानव की सहायता से उस शहर का सौन्दर्यीकरण किया।

वह शहर एक द्वितीय स्वर्ग के समान हो गया। उसके बाद सभि महारथियों व राज्यों के प्रतिनिधियों की उपस्थिति में वहां श्रीकृष्ण द्वैपायन व्यास के सान्निध्य में एक महान यज्ञ और गृहप्रवेश अनुष्ठान का आयोजन हुआ। उसके बाद, सागर जैसी चौड़ी खाई से घिरा, स्वर्ग गगनचुम्बी चहारदीवारी से घिरा व चंद्रमा या सूखे मेघों जैसा श्वेत वह नगर नागों की राजधानी, भोगवती नगर जैसा लगने लगा। इसमें अनगिनत प्रासाद, असंख्य द्वार थे, जो प्रत्येक द्वार गरुड़ के विशाल फ़ैले पंखों की तरह खुले थे। इस शहर की रक्षा दीवार में मंदराचल पर्वत जैसे विशाल द्वार थे।

इस शस्त्रों से सुसज्जित, सुरक्षित नगरी को दुश्मनों का एक बाण भी खरौंच तक नहीं सकता था। उसकी दीवारों पर तोपें और शतघ्नियां रखीं थीं, जैसे दुमुंही सांप होते हैं।

बुर्जियों पर सशस्त्र सेना के सैनिक लगे थे। उन दीवारों पर वृहत लौह चक्र भी लगे थे। यहां की सडअकें चौड़ी और साफ थीं। उन पर दुर्घटना का कोई भय नहीं था। भव्य महलों, अट्टालिकाओं और प्रासादों से सुसज्जित यह नगरी इंद्र की अमरावती से मुकाबला करती थीं।

इस कारण ही इसे इंद्रप्रस्थ नाम दिया गया था। इस शहर के सर्वश्रेष्ठ भाग में पांडवों का महल स्थित था। इसमें कुबेर के समान खजाना और भंडार थे। इतने वैभव से परिपूर्ण इसको देखकर दामिनी के समान आंखें चौधिया जाती थीं। "जब शहर बसा, तो वहां बड़ी संख्या में ब्राह्मण आए, जिनके पास सभी वेद-शास्त्र इत्यादि थे, व सभी भाशाओं में पारंगत थे। यहां सभी दिशाओं से बहुत से व्यापारीगण पधारे। उन्हें यहां व्यापार कर द्न संपत्ति मिलने की आशाएं थीं।

बहुत से कारीगर वर्ग के लोग भी यहां आ कर बस गए। इस शहर को घेरे हुए, कई सुंदर उद्यान थे, जिनमें असंख्य प्रजातियों के फल और फूल इत्यादि लगे थे। इनमें आम्र, अमरतक, कदंब अशोक, चंपक, पुन्नग, नाग, लकुचा, पनास, सालस और तालस के वृक्ष थे। तमाल, वकुल और केतकी के महकते पेड़ थे। सुंदर और पुष्पित अमलक, जिनकी शाखाएं फलों से लदी होने के कारण झुकी रहती थीं। लोध्र और सुंदर अंकोल वृक्ष भी थे। जम्बू, पाटल, कुंजक, अतिमुक्ता, करविरस, पारिजात और ढ़ेरों अन्य प्रकार के पेड़ पौधे लगे थे। अनेकों हरे भरे कुन्ज यहां मयूर और कोकिल ध्वनियों से गूंजते रहते थे।

कई विलासगृह थे, जो कि शीशे जैसे चमकदार थे, और लताओं से ढंके थे। यहां कई कृत्रिम टीले थे, और जल से ऊपर तक भरे सरोवर और झीलें, कमल तड़ाग जिनमें हंस और बत्तखें, चक्रवाक इत्यादि किल्लोल करते रहते थे। यहां कई सरोवरों में बहुत से जलीय पौधों की भी भरमार थी। यहां रहकर, शहर को भोगकर, पांडवों की खुशी दिनोंदिन बढ़ती गई थी।

भीष्म पितामह और धृतराष्ट्र के अपने प्रति दर्शित नैतिक व्यवहार के परिणामस्वरूप पांडवों ने खांडवप्रस्थ को इंद्रप्रस्थ में परिवर्तित कर दिया|पाण्डुकुमार अर्जुन ने श्रीकृष्ण के साथ खाण्डववन खाण्डववन को जला दिया और इन्द्र के द्वारा की हुई वृष्टि का अपने बाणों के (छत्राकार) बाँध से निवारण करते हुए अग्नि को तृप्त किया।।वहा अर्जुन और कृष्ण जी ने समस्त देवताओ को युद्ध मे परास्त कर दिया।इसके फलस्वरुप अर्जुन ने अग्निदेव से दिव्य गाण्डीव धनुष और उत्तम रथ प्राप्त किया और कृष्ण जी ने सुदर्शन चक्र प्राप्त किया था।

उन्हें युद्ध में भगवान् कृष्ण-जैसे सारथि मिले थे तथा उन्होंने आचार्य द्रोण से ब्रह्मास्त्र आदि दिव्य आयुध और कभी नष्ट न होने वाले बाण प्राप्त किये थे।इन्द्र अप्ने पुत्र अर्जुन की वीरता देखकर अतिप्रसन्न हुए। इन्द्र के कहने पर देव शिल्पि विश्वकर्मा और मय दानव ने मिलकर खाण्डववन को इन्द्रपुरी जितने भव्य नगर मे निर्मित कर दिया,जिसे इन्द्रप्रस्थ नाम दिया गया।

10

पाण्डवों की विश्वविजय

विदुर के विरोध करने पर भी धृतराष्ट्र ने उसी को इन्द्रप्रस्थ जाकर युधिष्ठिर को आमन्त्रित करने के लिए कहा, साथ ही यह भी कहा कि वह पांडवों को उनकी योजना के विषय में कुछ न बताये। विदुर उनका संदेश लेकर पांडवों को आमन्त्रित कर आये। पांडवों के हस्तिनापुर में पहुंचने पर विदुर ने उनको एकांत में संपूर्ण योजना से अवगत कर दिया तथापि युधिष्ठिर ने चुनौती स्वीकार कर ली तथा द्यूतक्रीड़ा में वे व्यक्तिगत समस्त दाव हारने के बाद भाइयों को, स्वयं अपने को तथा अंत में द्रौपदी को भी हार बैठे। विदुर ने कहा कि अपने-अपको दांव पर हारने के बाद युधिष्ठिर द्रौपदी को दांव पर लगाने के अधिकारी नहीं रह जाते, किंतु धृतराष्ट्र ने प्रतिकामी नामक सेवक को द्रौपदी को वहां ले आने के लिए भेजा।

द्रौपदी ने उससे यही प्रश्न किया कि धर्मपुत्र ने पहले कौन सा दांव हारा है- स्वयं अपना अथवा द्रौपदी का। दुर्योधन ने क्रुद्ध होकर दुशासन (भाई) से कहा कि वह द्रौपदी को सभाभवन में लेकर आये। युधिष्ठिर ने गुप्त रूप से एक विश्वस्त सेवक को द्रौपदी के पास भेजा कि यद्यपि वह रजस्वला है तथा एक वस्त्र में है, वह वैसी ही उठ कर चली आये, सभा में पूज्य वर्ग के सामने उसका उस दशा में कलपते हुए पहुंचना दुर्योधन आदि के पापों को व्यक्त करने के लिए पर्याप्त होगा।

द्रौपदी सभा में पहुंची तो दुशासन ने उसे स्त्री वर्ग की ओर नहीं जाने दिया तथा उसके बाल खींचकर कहा- 'हमने तुझे जुए में जीता है। अत तुझे अपनी दासियों में रखेंगे।' द्रौपदी ने समस्त कुरुवंशियों के शौर्य, धर्म तथा नीति को ललकारा और श्रीकृष्ण को मन-ही-मन स्मरण कर अपनी लज्जा की रक्षा के लिए प्रार्थना की। सब मौन रहे किंतु दुर्योधन के छोटे भाई विकर्ण ने द्रौपदी का पक्ष लेते हुए कहा कि हारा हुआ युधिष्ठिर उसे दांव पर नहीं रख सकता था किंतु किसी ने उसकी बात नहीं सुनी। कर्ण के उकसाने से दुशासन ने द्रौपदी को निर्वस्त्रा करने की चेष्टा की।

उधर विलाप करती हुई द्रौपदी ने पांडवों की ओर देखा तो भीम ने युधिष्ठिर से कहा कि वह उसके हाथ जला देना चाहता है, जिनसे उसने जुआ खेला था। अर्जुन ने उसे शांत किया।

भीम ने शपथ ली कि वह दुशासन की छाती का खून पियेगा तथा दुर्योधन की जांघ को अपनी गदा से नष्ट कर डालेगा। द्रौपदी ने विकट विपत्ति में श्रीकृष्ण का स्मरण किया। श्रीकृष्ण की कृपा से अनेक वस्त्र वहां प्रकट हुए जिनसे द्रौपदी आच्छादित रही फलत उसके वस्त्र खींचकर उतारते हुए भी दुशासन उसे नग्न नहीं कर पाया। सभा में बार-बार कार्य के अनौचित्य अथवा औचित्य पर विवाद छिड़ जाता था।

दुर्योधन ने पांडवों को मौन देख 'द्रौपदी की, दांव में हारे जाने' की बात ठीक है या गलत, इसका निर्णय भीम, अर्जुन, नकुल तथा सहदेव पर छोड़ दिया। अर्जुन तथा भीम ने कहा कि जो व्यक्ति स्वयं को दांव में हरा चुका है, वह किसी अन्य वस्तु को दांव पर रख ही नहीं सकता। धृतराष्ट्र ने सभा की नब्ज पहचानकर दुर्योधन को फटकारा तथा द्रौपदी से तीन वर मांगने के लिए कहा। द्रौपदी ने पहले वर से युधिष्ठिर की दासभाव से मुक्ति मांगी ताकि भविष्य में उसका पुत्र प्रतिविंध्य दास पुत्र न कहलाए।

दूसरे वर से भीम, अर्जुन नकुल तथा सहदेव की, शस्त्रों तथा रथ सहित दासभाव से मुक्ति मांगी।

तीसरा वर मांगने के लिए वह तैयार ही नहीं हुई, क्योंकि उसके अनुसार क्षत्रिय स्त्रियों दो वर मांगने की ही अधिकारिणी होती हैं। धृतराष्ट्र ने उनसे संपूर्ण विगत को भूलकर अपना स्नेह बनाए रखने के लिए कहा, साथ ही उन्हें खांडव वन में जाकर अपना राज्य भोगने की अनुमति धृतराष्ट्र ने उनके खांडववन जाने से पूर्व, दुर्योधन की प्रेरणा से, उन्हें एक बार फिर से जुआ खेलने की आज्ञा दी। यह तय हुआ कि एक ही दांव रखा जायेगा।

पांडव अथवा धृतराष्ट्र पुत्रों में से जो भी हार जायेंगे, वे मृगचर्म धारण कर बारह वर्ष वनवास करेंगे और एक वर्ष अज्ञातवास में रहेंगे। उस एक वर्ष में यदि उन्हें पहचान लिया गया तो फिर से बारह वर्ष का वनवास भोगना होगा। भीष्म, विदुर, द्रोण आदि के रोकने पर भी द्यूतक्रीड़ा हुई जिसमें पांडव हार गये, छली शकुनि जीत गया। वनगमन से पूर्व पांडवों ने शपथ ली कि वे समस्त शत्रुओं का नाश करके ही चैन की सांस लेंगे। श्रीधौम्य (पुरोहित) के नेतृत्व में पांडवों ने द्रौपदी को साथ ले वन के लिए प्रस्थान किया। श्रीधौम्य साम मन्त्रों का गान करते हुए आगे की ओर बढ़े।

वे कहकर गये थे कि युद्ध में कौरवों के मारे जाने पर उनके पुरोहित भी इसी प्रकार साम गान करेंगे। युधिष्ठिर ने अपना मुंह ढका हुआ था (वे अपने क्रुद्ध नेत्रों से देखकर किसी को भस्म नहीं करना चाहते थे), भीम अपने बाहु की ओर देख रहा था (अपने बाहुबल को स्मरण कर रहा था), अर्जुन रेत बिखेरता जा रहा था (ऐसे ही भावी संग्राम में वह वाणों की वर्षा करेगा), सहदेव ने मुंह पर मिट्टी मली हुई थी। (दुर्दिन में कोई पहचान न ले), नकुल ने बदन पर मिट्टी मल रखी थी (कोई नारी उसके रूप पर आसक्त न हो), द्रौपदी ने बाल खोले हुए थे, उन्हीं से मुंह ढककर विलाप कर रही थी (जिस अन्याय से उसकी वह दशा हुई थी, चौदह वर्ष बाद उसके परिणाम स्वरूप शत्रु-नारियों की भी यही दशा होगी, वे अपने सगे संबंधियों को तिलांजलि देंगी वनवास के बारहवें वर्ष के पूरे होने पर पाण्डवों ने अब अपने

अज्ञातवास के लिये मत्स्य देश के राजा विराट के यहाँ रहने की योजना बनाई।

उन्होंने अपना वेश बदला और मत्स्य देश की ओर निकल पड़े। मार्ग के एक भयानक वन के भीतर के एक श्मशान में उन्होंने अपने अस्त्र-शस्त्रों को छुपा कर रख दिया और उनके ऊपर मनुष्यों के मृत शवों तथा हड्डियों को रख दिया जिससे कि भय के कारण कोई वहाँ न आ पाये। उन्होंने अपने छद्म नाम भी रख लिये – जो थे जय, जयन्त, विजय, जयत्सेन और जयद्वल। किन्तु ये नाम केवल मार्ग के लिये थे, मत्स्य देश में वे इन नामों को बदल कर दूसरे नाम रखने वाले थे।

राजा विराट के दरबार में पहुँच कर युधिष्ठिर ने कहा, हे राजन् मैं व्याघ्रपाद गोत्र में उत्पन्न हुआ हूँ तथा मेरा नाम कंक है। मैं द्यूत विद्या में निपुण हूँ। आपके पास आपकी सेवा करने की कामना लेकर उपस्थित हुआ हूँ। विराट बोले, कंक तुम दर्शनीय पुरुष प्रतीत होते हो, मैं तुम्हें पाकर प्रसन्न हूँ। अतएव तुम सम्मान पूर्वक यहाँ रहो। उसके बाद शेष पाण्डव राजा विराट के दरबार में पहुँचे और बोले, हे राजाधिराज हम सब पहले राजा युधीष्ठिर के सेवक थे।

पाण्डवों के वनवास हो जाने पर हम आपके दरबार में सेवा के लिये उपस्थित हुये हैं। राजा विराट के द्वारा परिचय पूछने पर सर्वप्रथम हाथ में करछी-कढ़ाई लिये हुये भीमसेन बोले, महाराज आपका कल्याण हो। मेरा नाम बल्लभ है। मैं रसोई बनाने का कार्य उत्तम प्रकार से जानता हूँ। मैं महाराज युधिष्ठिर का रसोइया था। सहदेव ने कहा, महाराज मेरा नाम तन्तिपाल है, मैं गाय-बछड़ों के नस्ल पहचानने में निपुण हूँ और मैं महाराज युधिष्ठिर के गौशाला की देखभाल किया करता था। नकुल बोले, हे मत्स्याधिपति मेरा नाम ग्रान्थिक है, मैं अश्व विद्या में निपुण हूँ। राजा युधिष्ठिर के यहाँ मेरा काम उनके अश्वशाला की देखभाल करना था। महाराज विराट ने उन सभी को अपनी सेवा में रख लिया।

अन्त में उर्वशी के द्वारा दिये गये शापवश नपुंसक बने, हाथीदांत की चूड़ियाँ पहने तथा सिर पर चोटी गूँथे हुये अर्जुन बोले, हे मत्स्यराज मेरा नाम वृहन्नला है, मैं नृत्य-संगीत विद्या में निपुण हूँ। चूँकि मैं नपुंसक हूँ इसलिये महाराज युधिष्ठिर ने मुझे अपने अन्तःपुर की कन्यायों को नृत्य और संगीत सिखाने के लिये नियुक्त किया था। वृहन्नला के नृत्य-संगीत के प्रदर्शन पर मुग्ध होकर, उसकी नपुंसकता की जाँच करवाने के पश्चात्, महाराज विराट ने उसे अपनी पुत्री उत्तरा की नृत्य-संगीत के शिक्षा के लिये नियुक्त कर लिया। इधर द्रौपदी राजा विराट की पत्नी सुदेष्णा के पास जाकर बोलीं, महारानी मेरा नाम सैरन्ध्री है।

मैं पहले धर्मराज युधिष्ठिर की महारानी द्रौपदी की दासी का कार्य करती थी किन्तु उनके वनवास चले जाने के कारण मैं कार्यमुक्त हो गई हूँ। अब आपकी सेवा की कामना लेकर आपके पास आई हूँ। सैरन्ध्री के रूप, गुण तथा सौन्दर्य से प्रभावित होकर महारानी सुदेष्णा ने उसे अपनी मुख्य दासी के रूप में नियुक्त कर लिया।इस प्रकार पाण्डवों ने मत्स्य देश के महाराज विराट की सेवा में नियुक्त होकर अपने अज्ञातवास का आरम्भ किया।

11

पाण्डवों की तीर्थयात्रा

दुःखी होकर उन्हीं के विषय में बातें कर रहे थे कि वहाँ पर लोमश ऋषि पधारे। धर्मराज युधिष्ठिर ने उनका यथोचित आदर-सत्कार करके उच्चासन प्रदान किया। लोमश ऋषि बोले, “हे पाण्डवगण आप लोग अर्जुन की चिन्ता छोड़ दीजिये। मैं अभी देवराज इन्द्र की नगरी अमरावती से आ रहा हूँ।

अर्जुन वहाँ पर सुखपूर्वक निवास कर रहे हैं। उन्होंने भगवान शिव एवं अन्य देवताओं की कृपा से दिव्य तथा अलौकिक अस्त्र-शस्त्र तथा चित्रसेन से नृत्य-संगीत कला की शिक्षा भी प्राप्त कर लिया है। वे अब निवात और कवच नामक असुरों का वध करके ही यहाँ आयेंगे।

देवराज इन्द्र ने आपके लिये यह संदेश भेजा है कि आप पाण्डवगण अब तीर्थयात्रा करके अपने आत्मबल में वृद्धि करें। देवराज इन्द्र के दिये गये संदेश के अनुसार युधिष्ठिर अपने भाइयों, पुरोहित धौम्य, लोमश ऋषि आदि को साथ ले कर तीर्थयात्रा के लिये चल पड़े। वे लोग नैमिषारण्य, कन्या-तीर्थ, अश्व-तीर्थ, गौ-तीर्थ आदि में दर्शन-स्नानादि करते हुये अगस्त्य ऋषि के आश्रम आ पहुँचे। लोमश ऋषि ने उस आश्रम की प्रशंसा करते हुये बताया, “हे धर्मराज यह अगस्त्य मुनि एवं उनकी धर्मात्मा पत्नी लोपामुद्रा की पवित्र तपस्थली है। एक बार अगस्त्य मुनि यहाँ घूमते हुये पहुँचे तो उन्होंने एक गड्ढे में अपने पूर्वजों को उल्टे लटकते देखा।

अगस्त्य मुनि के द्वारा उनके इस प्रकार से लटकने का कारण पूछने पर पूर्वजों ने बताया कि हे पुत्र तुम्हारे निःसंतान होने के कारण हमें यह नरक कुण्ड मिला है। इसलिये शीघ्र अपना विवाह कर पुत्र उत्पन्न करो, जिससे हमारा उद्धार हो। पितृगणों की बात से दुःखी होकर अगस्त्य एक सुयोग्य पत्नी की खोज में निकले और विदर्भ देश की राजकुमारी लोपामुद्रा से विवाह कर लिया।

जब अगस्त्य मुनि ने लोपामुद्रा के सौन्दर्य पर मुग्ध होकर पुत्रोत्पत्ति की अभिलाषा से उसे अपने पास आने के लिये कहा तो लोपामुद्रा बोली कि हे स्वागी मैं राजकुमारी हूँ इसलिये आपका मेरे साथ समागम भी राजोचित ढंग से होना चाहिये। पहले आप धन की व्यवस्था

कर के मेरे और स्वयं के लिये सुन्दर वस्त्र तथा स्वर्णाभूषण ले कर आइये। अपनी पत्नी की वाणी से प्रभावित होकर अगस्त्य मुनि धन माँगने के लिये राजा श्रुतर्वा, व्रघ्नश्व तथा इक्ष्वाकु वंशी त्रसद्दस्यु के पास गये किन्तु सभी राजाओं का कोष खाली होने के कारण उन राजाओं क्षमाप्रार्थना करते हुये ने अगस्त्य मुनि को धन देने में असमर्थता प्रकट कर दिया। निराश होकर अगस्त्य मुनि इल्वल नामक दैत्य के पास पहुँचे।

इल्वल दैत्य ने प्रसन्नता के सा उन्हें मुँहमाँगा धन प्रदान कर दिया। धन प्राप्त करके अगस्त्य मुनि ने अपनी पत्नी की इच्छापूर्ति की और दृढस्यु नामक पुत्र उत्पन्न किया। कालान्तर में यह तीर्थस्थान अगस्त्याश्रम के नाम से प्रसिद्ध हुआ। इसी तीर्थस्थान में स्नान करके परशुराम ने अपना तेज पुनः प्राप्त किया था। इसलिये हे युधिष्ठिर यहाँ स्नान करके आप दुर्योधन के द्वारा छीने गये अपने तेज को पुनः प्राप्त कीजिये।"

लोमश ऋषि के आदेशानुसार वहाँ स्नान-पूजा आदि करके युधिष्ठिर ने लोमश ऋषि से पूछा, "हे प्रभो कृपा करके यह बताइये कि परशुराम निस्तेज कैसे हुये थे?" लोमश ऋषि ने उत्तर दिया, "धर्मराज दशरथनन्दन श्री राम जब शिव जी के धनुष को तोड़कर सीता जी से विवाह कर अपने पिता, भाइयों, बारातीगण आदि के साथ अयोध्या लौट रहे थे तो एक बड़े जोरों की आँधी आई जिससे वृक्ष पृथ्वी पर गिरने लगे।

तभी राजा दशरथ की दृष्टि भृगुकुल के परशुराम पर पड़ी। उनकी वेशभूषा बड़ी भयंकर थी। तेजस्वी मुख पर बड़ी बड़ी जटायें बिखरी हुई थीं नेत्रों में क्रोध की लालिमा थी। कन्धे पर कठोर फरसा और हाथों में धनुष बाण थे। ऋषियों ने आगे बढ़ कर उनका स्वागत किया और इस स्वागत को स्वीकार करके वे श्री रामचन्द्र से बोले "दशरथनन्दन राम हमें ज्ञात हुआ है कि तुम बड़े पराक्रमी हो और तुमने शिव जी के धनुष को तोड़ डाला है और उसे तोड़कर तुमने अपूर्व ख्याति प्राप्त की है। मैं तुम्हारे लिये एक अच्छा धनुष लाया हूँ।

यह धनुष साधारण नहीं है, जमदग्निकुमार परशुराम का है। इस पर बाण चढ़ाकर तुम अपने शौर्य का परिचय दो। तुम्हारे बल और शौर्य को देखकर मैं तुमसे द्वन्द्व युद्ध करूँगा। परशुराम की बात सुनकर राजा दशरथ विनीत स्वर मे बोले, "भगवन् आप वेदविद् स्वाध्यायी ब्राह्मण हैं। क्षात्रियों का विनाश करके आप बहुत पहले ही अपने क्रोध का शमन कर चुके हैं। इसलिये हे ऋषिराज आप इन बालकों को अभय दान दीजिये।" किन्तु परशुराम जी ने दशरथ की अनुनय-विनय पर कोई ध्यान न देते हुये राम से कहा, "राम सम्भवतः तुम्हें ज्ञात नहीं होगा कि संसार में केवल दो ही धनुष सर्वश्रेष्ठ माने जाते हैं। सारा संसार उनका सम्मान करता हैं विश्वकर्मा ने उन्हें स्वयं अपने हाथों से बनाया था। उनमें से पिनाक नामक एक धनुष को देवताओं ने भगवान शिव को दिया था।

इसी धनुष से भगवान शिव ने त्रिपुरासुर का वध किया था। तुमने उसी धनुष को तोड़ डाला है। दूसरा दिव्य धनुष मेरे हाथ में है। इसे देवताओं ने भगवान विष्णु को दिया था। यह भी पिनाक की भाँति ही शक्तिशाली है। विष्णु ने भृगुवंशी ऋचीक मुनि को धरोहर के रूप में वह धनुष दे दिया। वंशानुवंश रूप से यह धनुष मुझे प्राप्त हुआ है। अब तुम एक क्षत्रिय के

नाते इस धनुष को लेकर इस पर बाण चढ़ाओ और सफल होने पर मेरे साथ द्वन्द्व युद्ध करो। परशुराम के द्वारा बार-बार ललकारे जाने पर रामचन्द्र बोले, "हे भार्गव मैं ब्राह्मण समझकर आपके सामने विशेष बोल नहीं रहा हूँ।

किन्तु आप मेरी इस विनशीलता को पराक्रमहीनता एवं कायरता समझकर मेरा तिरस्कार कर रहे हैं। लाइये, धनुष बाण मुझे दीजिये।" यह कह कर उन्होंने झपटते हुये परशुराम के हाथ से धनुष बाण ले लिये। फिर धनुष पर बाण चढ़ाकर बोले, "हे भृगुनन्दन ब्राह्मण होने के कारण आप मेरे पूज्य हैं, इसलिये इस बाण को मैं आपके ऊपर नहीं छोड़ सकता। परन्तु धनुष पर चढ़ने के बाद यह बाण कभी निष्फल नहीं जाता।

इसका कहीं न कहीं उपयोग करना ही पड़ता है। इसलिये इस बाण के द्वारा आपकी सर्वत्र शीघ्रतापूर्वक आने-जाने की शक्ति को नष्ट किये देता हूँ।" श्री राम की यह बात सुनकर शक्तिहीन से हुये परशुराम जी विनयपूर्वक कहने लगे, "बाण छोड़ने से पूर्व मेरी एक बात सुन लीजिये। क्षत्रियों को नष्ट करके जब मैंने यह भूमि कश्यप जी को दान में दी थी तो उन्होंने मुझसे कहा था कि अब तुम्हें पृथ्वी पर नहीं रहना चाहिये क्योंकि तुमने पृथ्वी का दान कर दिया है। तभी से गुरुवर कश्यप जी की आज्ञा का पालन करता हुआ मैं कभी रात्रि में पृथ्वी पर निवास नहीं करता।

अतः हे राम कृपा करके मेरी गमन शक्ति को नष्ट मत करो। मैं मन के समान गति से महेन्द्र पर्वत पर चला जाऊँगा। चूँकि इस बाण का प्रयोग निष्फल नहीं जाता, इसलिये आप उन अनुपम लोकों को नष्ट कर दें जिन पर मैंने अपनी तपस्या से विजय प्राप्त की है। आपने जिस सरलता से इस धनुष पर बाण चढ़ा दिया है, उससे मुझे विश्वास हो गया है कि आप मधु राक्षस का वध करने वाले साक्षत विष्णु हैं।" परशुराम की प्रार्थना को स्वीकार करके राम ने बाण छोड़कर उनके द्वारा तपस्या के बल पर अर्जित किये गये समस्त पुण्यलोकों को नष्ट कर दिया और इससे परशुराम जी निस्तेज हो गये। फिर परशुराम जी तपस्या करने के लिये महेन्द्र पर्वत पर चले गये। वहाँ उपस्थित सभी ऋषि-मुनियों सहित राजा दशरथ ने रामचन्द्र की भूरि भूरि प्रशंसा की।

12

दिव्यास्त्रों की प्राप्ति

एक बार वीरवर अर्जुन उत्तराखंड के पर्वतों को पार करते हुये एक अपूर्व सुन्दर वन में जा पहुँचे। वहाँ के शान्त वातावरण में वे भगवान की शंकर की तपस्या करने लगे। उनकी तपस्या की परीक्षा लेने के लिये भगवान शंकर एक भील का वेष धारण कर उस वन में आये। वहाँ पर आने पर भील रूपी शिव जी ने देखा कि एक दैत्य शूकर का रूप धारण कर तपस्यारत अर्जुन की घात में है। शिव जी ने उस दैत्य पर अपना बाण छोड़ दिया।

जिस समय शंकर भगवान ने दैत्य को देखकर बाण छोड़ा उसी समय अर्जुन की तपस्या टूटी और दैत्य पर उनकी दृष्टि पड़ी। उन्होंने भी अपना गाण्डीव धनुष उठा कर उस पर बाण छोड़ दिया। शूकर को दोनों बाण एक साथ लगे और उसके प्राण निकल गये। शूकर के मर जाने पर भीलरूपी शिव जी और अर्जुन दोनों ही शूकर को अपने बाण से मरा होने का दावा करने लगे। दोनों के मध्य विवाद बढ़ता गया और विवाद ने युद्ध का रूप धारण कर लिया।

अर्जुन निरन्तर भील पर गाण्डीव से बाणों की वर्षा करते रहे किन्तु उनके बाण भील के शरीर से टकरा-टकरा कर टूटते रहे और भील शान्त खड़े हुये मुस्कुराता रहा। अन्त में उनकी तरकश के सारे बाण समाप्त हो गये। इस पर अर्जुन ने भील पर अपनी तलवार से आक्रमण कर दिया। अर्जुन की तलवार भी भील के शरीर से टकरा कर दो टुकड़े हो गई। अब अर्जुन क्रोधित होकर भील से मल्ल युद्ध करने लगे। मल्ल युद्ध में भी अर्जुन भील के प्रहार से मूर्छित हो गये।

थोड़ी देर पश्चात् जब अर्जुन की मूर्छा टूटी तो उन्होंने देखा कि भील अब भी वहीं खड़े मुस्कुरा रहा है। भील की शक्ति देख कर अर्जुन को अत्यन्त आश्चर्य हुआ और उन्होंने भील को मारने की शक्ति प्राप्त करने के लिये शिव मूर्ति पर पुष्पमाला डाली, किन्तु अर्जुन ने देखा कि वह माला शिव मूर्ति पर पड़ने के स्थान पर भील के कण्ठ में चली गई। इससे अर्जुन समझ गये कि भगवान शंकर ही भील का रूप धारण करके वहाँ उपस्थित हुये हैं।

अर्जुन शंकर जी के चरणों में गिर पड़े। भगवान शंकर ने अपना असली रूप धारण कर लिया और अर्जुन से कहा, हे अर्जुन मैं तुम्हारी तपस्या और पराक्रम से अति प्रसन्न हूँ

और तुम्हें पशुपत्यास्त्र प्रदान करता हूँ। भगवान शंकर अर्जुन को पशुपत्यास्त्र प्रदान कर अन्तर्ध्यान हो गये। उसके पश्चात् वहाँ पर वरुण, यम, कुबेर, गन्धर्व और इन्द्र अपने-अपने वाहनों पर सवार हो कर आ गये। अर्जुन ने सभी देवताओं की विधिवत पूजा की। यह देख कर यमराज ने कहा, अर्जुन तुम नर के अवतार हो तथा श्री कृष्ण नारायण के अवतार हैं। तुम दोनों मिल कर अब पृथ्वी का भार हल्का करो। इस प्रकार सभी देवताओं ने अर्जुन को आशीर्वाद और विभिन्न प्रकार के दिव्य एवं अलौकिक अस्त्र-शस्त्र प्रदान कर अपने-अपने लोकों को चले गये।

अर्जुन को उर्वशी का शाप अर्जुन के पास से अपने लोक को वापस जाते समय देवराज इन्द्र ने कहा, हे अर्जुन अभी तुम्हें देवताओं के अनेक कार्य सम्पन्न करने हैं, अतः तुमको लेने के लिये मेरा सारथि आयेगा। इसलिये अर्जुन उसी वन में रह कर प्रतीक्षा करने लगे। कुछ काल पश्चात् उन्हें लेने के लिये इन्द्र के सारथि मातलि वहाँ पहुँचे और अर्जुन को विमान में बिठाकर देवराज की नगरी अमरावती ले गये। इन्द्र के पास पहुँच कर अर्जुन ने उन्हें प्रणाम किया। देवराज इन्द्र ने अर्जुन को आशीर्वाद देकर अपने निकट आसन प्रदान किया। अमरावती में रहकर अर्जुन ने देवताओं से प्राप्त हुये दिव्य और अलौकिक अस्त्र-शस्त्रों की प्रयोग विधि सीखा और उन अस्त्र-शस्त्रों को चलाने का अभ्यास करके उन पर महारत प्राप्त कर लिया।

फिर एक दिन इन्द्र अर्जुन से बोले, वत्स तुम चित्रसेन नामक गन्धर्व से संगीत और नृत्य की कला सीख लो। चित्रसेन ने इन्द्र का आदेश पाकर अर्जुन को संगीत और नृत्य की कला में निपुण कर दिया। एक दिन जब चित्रसेन अर्जुन को संगीत और नृत्य की शिक्षा दे रहे थे, वहाँ पर इन्द्र की अप्सरा उर्वशी आई और अर्जुन पर मोहित हो गई।

अवसर पाकर उर्वशी ने अर्जुन से कहा, हे अर्जुन आपको देखकर मेरी प्रणय जागृत हो गई है, अतः आप कृपया मेरे साथ विहार करके मेरी प्रणय को शांत करें। उर्वशी के वचन सुनकर अर्जुन बोले, हे देवि हमारे पूर्वज ने आपसे विवाह करके हमारे वंश का गौरव बढ़ाया था अतः पुरु वंश की जननी होने के नाते आप हमारी माता के तुल्य हैं। देवि मैं आपको प्रणाम करता हूँ। अर्जुन की बातों से उर्वशी के मन में बड़ा क्षोभ उत्पन्न हुआ और उसने अर्जुन से कहा, तुमने नपुंसकों जैसे वचन कहे हैं, अतः मैं तुम्हें शाप देती हूँ कि तुम एक वर्ष तक पुंसत्वहीन रहोगे। इतना कहकर उर्वशी वहाँ से चली गई।

जब इन्द्र को इस घटना के विषय में ज्ञात हुआ तो वे अर्जुन से बोले, वत्स तुमने जो व्यवहार किया है, वह तुम्हारे योग्य ही था। उर्वशी का यह शाप भी भगवान की इच्छा थी, यह शाप तुम्हारे अज्ञातवास के समय काम आयेगा। अपने एक वर्ष के अज्ञातवास के समय ही तुम पुंसत्वहीन रहोगे और अज्ञातवास पूर्ण होने पर तुम्हें पुनः पुंसत्व की प्राप्ति हो जायेगी।

13

जयद्रथ की दुर्गति

एक बार पाँचों पाण्डव आवश्यक कार्यवश बाहर गये हुये थे। आश्रम में केवल द्रौपदी, उसकी एक दासी और पुरोहित धौम्य ही थे। उसी समय सिन्धु देश का राजा जयद्रथ, जो विवाह की इच्छा से शाल्व देश जा रहा था, उधर से निकला। अचानक आश्रम के द्वार पर खड़ी द्रौपदी पर उसकी दृष्टि पड़ी और वह उस पर मुग्ध हो उठा।

उसने अपनी सेना को वहीं रोक कर अपने मित्र कोटिकास्य से कहा, कोटिक तनिक जाकर पता लगाओ कि यह सर्वांग सुन्दरी कौन है? यदि यह स्त्री मुझे मिल जाय तो फिर मुझे विवाह के लिया शाल्व देश जाने की क्या आवश्यकता है? मित्र की बात सुनकर कोटिकास्य द्रौपदी के पास पहुँचा और बोला, हे कल्याणी आप कौन हैं? कहीं आप कोई अप्सरा या देवकन्या तो नहीं हैं? द्रौपदी ने उत्तर दिया, मैं जग विख्यात पाँचों पाण्डवों की पत्नी द्रौपदी हूँ। मेरे पति अभी आने ही वाले हैं अतः आप लोग उनका आतिथ्य सेवा स्वीकार करके यहाँ से प्रस्थान करें।

आप लोगों से प्रार्थना है कि उनके आने तक आप लोग कुटी के बाहर विश्राम करें। मैं आप लोगों के भोजन का प्रबन्ध करती हूँ। कोटिकास्य ने जयद्रथ के पास जाकर द्रौपदी का परिचय दिया। परिचय जानने पर जयद्रथ ने द्रौपदी के पास जाकर कहा, हे द्रौपदी तुम उन लोगों की पत्नी हो जो वन में मारे-मारे फिरते हैं और तुम्हें किसी भी प्रकार का सुख-वैभव प्रदान नहीं कर पाते। तुम पाण्डवों को त्याग कर मुझसे विवाह कर लो और सम्पूर्ण सिन्धु तथा सौबीर देश का राज्यसुख भोगो। जयद्रथ के वचनों को सुन कर द्रौपदी ने उसे बहुत धिक्कारा किन्तु कामान्ध जयद्रध पर उसके धिक्कार का कोई प्रभाव नहीं पड़ा और उसने द्रौपदी को शक्तिपूर्वक खींचकर अपने रथ में बैठा लिया।

गुरु धौम्य द्रौपदी की रक्षा के लिये आये तो उसे जयद्रथ ने उसे वहीं भूमि पर पटक दिया और अपना रथ वहाँ से भगाने लगा। द्रौपदी रथ में विलाप कर रही थी और गुरु धौम्य पाण्डवों को पुकारते हुये रथ के पीछे-पीछे दौड़ रहे थे। कुछ समय पश्चात् जब पाण्डवगण वापस लौटे तो रोते-कलपते दासी ने उन्हें सारा वृतान्त कह सुनाया। सब कुछ जानने पर पाण्डवों ने

जयद्रथ का पीछा किया और शीघ्र ही उसकी सेना सहित उसे घेर लिया।

दोनों पक्षों में घोर युद्ध होने लगा। पाण्डवों के पराक्रम से जयद्रथ के सब भाई और कोटिकास्य मारे गये तथा उसकी सेना रणभूमि छोड़ कर भाग निकली। सहदेव ने द्रौपदी सहित जयद्रथ के रथ पर अधिकार जमा लिया। जयद्रथ अपनी सेना को भागती देख कर स्वयं भी पैदल ही भागने लगा। सहदेव को छोड़कर शेष पाण्डव भागते हुये जयद्रथ का पीछा करने लगे। भीम तथा अर्जुन ने लपक कर जयद्रथ को आगे से घेर लिया और उसकी चोटी पकड़ ली। फिर क्रोध में आकर भीम ने उसे पृथ्वी पर पटक दिया और लात घूँसों से उसकी मरम्मत करने लगे। जब भीम की मार से जयद्रथ अधमरा हो गया तो अर्जुन ने कहा, भैया भीम इसे प्राणहीन मत करो, इसे इसके कर्मों का दण्ड हमारे बड़े भाई युधिष्ठिर देंगे। अर्जुन के वचन सुनकर भीम ने जयद्रथ के कशों को अपने अर्द्धचन्द्राकार बाणों से मूंडकर पाँच चोटी रख दी और उसे बाँधकर युधिष्ठिर के सामने प्रस्तुत कर दिया।

धर्मराज ने जयद्रथ को धिक्कारते हुये कहा, रे दुष्ट जयद्रथ हम चाहें तो अभी तेरा वध कर सकते हैं किन्तु बहन दुःशला के वैधव्य को ध्यान में रख कर हम ऐसा नहीं करेंगे। जा तुझे मुक्त किया। यह सुनकर जयद्रथ कान्तिहीन हो, लज्जा से सिर झुकाये वहाँ से चला गया। वहाँ से वन में जाकर जयद्रथ ने भगवान शंकर की घोर तपस्या की। उसकी तपस्या से प्रसन्न होकर शंकर जी ने उसे वर माँगने के लिये कहा।

इस पर जयद्रथ बोला, भगवन् मैं युद्ध में पाँचों पाण्डवों पर विजय प्राप्त करने का वर माँगता हूँ। इस पर भगवान शंकर ने अपनी असमर्थता प्रकट करते हुये जयद्रथ से कहा, हे जयद्रथ पाण्डव अजेय हैं और ऐसा होना असम्भव है। श्री कृष्ण नारायण के और अर्जुन नर के अवतार हैं। मैं अर्जुन को त्रिलोक विजय प्राप्त करने का वर एवं पाशुपात्यस्त्र पहले ही प्रदान कर चुका हूँ। हाँ, तुम अर्जुन की अनुपस्थिति में एक बार शेष पाण्डवों को अवश्य पीछे हटा सकते हो। इतना कहकर भगवान शंकर वहाँ से अन्तर्ध्यान हो गये और मन्दबुद्धि जयद्रथ भी अपने राज्य में वापस लौट आया।

14

दुर्योधन की रक्षा

गन्धमादन पर्वत स्थित कुबेर के महल में चार वर्ष व्यतीत करने के पश्चात् पाण्डवगण ने वहाँ से प्रस्थान किया और मार्ग में अनेक वनों में रुकते-रुकाते, स्थान-स्थान पर अपने शौर्य और पराक्रम से दुष्टों का दमन करते, ऋषियों और ब्राह्मणों के सत्संग का लाभ उठाते वे द्वैतवन पहुँचे और वहीं रहकर वनवास का शेष समय व्यतीत करने लगे। अब तक वनवास के ग्यारह वर्ष पूर्ण हो चुके थे।

पाण्डवों के द्वैतवन में होने की सूचना दुर्योधन तथा उसकी दुष्ट मण्डली (दुःशासन, शकुनि, कर्ण आदि) को मिली वे एक बार फिर वहाँ जाकर पाण्डवों को मार डालने की योजना बनाने लगे। संयोगवश उन दिनों कौरवों की गौ-सम्पत्ति द्वैतवन में ही थी। अपनी गौ-सम्पत्ति अंकेक्षण, निरीक्षण आदि करने के बहाने दुर्योधन ने धृतराष्ट्र से द्वैतवन जाने की अनुमति प्राप्त कर लिया।

इस प्रकार दुर्योधन और उसकी दुष्ट मण्डली ने अपनी एक विशाल सेना के साथ द्वैतवन में पहुँचकर वहाँ अपना डेरा डाल दिया। वे अपना राजसी ठाट-बाट का प्रदर्शन कर पाण्डवों को जलाना भी चाहते थे, इसलिये बहुमूल्य वस्त्राभूषणों से सुसज्जित राजमहिलाओं को भी उन्होंने अपने साथ रख लिया था। एक दिन वे जलविहार करने के उद्देश्य से दुर्योधन अपनी मण्डली तथा राज महिलाओं के साथ द्वैतवन में स्थित मनोरम सरोवर में पहुँचे।

किन्तु उस सरोवर में गन्धर्वराज चित्ररथ पहले से ही आकर अपनी पत्नियों के साथ जलक्रीड़ा कर रहे थे। चित्ररथ के सेवकों ने दुर्योधन को सरोवर में उतरने से रोकते हुये कहा, “इस समय गन्धर्वराज चित्ररथ अपनी पत्नियों के साथ इस सरोवर में जलक्रीड़ा कर रहे हैं, अतः उनके बाहर आने से पहले अन्य कोई भी सरोवर में नहीं उतर सकता।” सेवकों के इन वचनों को सुन कर दुर्योधन ने क्रोधित होकर कहा, “तू शायद जानता नहीं कि तू किससे बात कर रहा है।

मैं हस्तिनापुरनरेश धृतराष्ट्र का महाबली पुत्र दुर्योधन हूँ। यह सरोवर हमारे राज्य की सीमा के अन्तर्गत आता है। तू जाकर चित्ररथ से कह दे कि इस राज्य का युवराज यहाँ

जलविहार करने आया है और तुम्हें इस सरोवर से बाहर निकलने की आज्ञा दी है।" दुर्योधन के दर्पयुक्त सन्देश को सुन कर गन्धर्वराज चित्ररथ के क्रोध का पारावार न रहा और उसने दुर्योधन तथा उसकी मण्डली के साथ युद्ध आरम्भ कर दिया। दुर्योधन के साथी और सेना कुछ समय तक तो युद्ध करते रहे किन्तु चित्ररथ को अधिक बलवान पाकर वे सभी दुर्योधन एवं राजमहिलाओं को वहीं छोड़कर भाग खड़े हुये। चित्ररथ ने दुर्योधन और उन राजमहिलाओं को कैद कर लिया।

दुर्योधन के भगोड़ी सेना जब कुछ न सूझा तो वे वहाँ निवास करते हुये पाण्डवों के पास जाकर उनसे दुर्योधन और राजमहिलोओं की मुक्ति के लिये याचना करने लगे। उनकी याचना सुनकर भीमसेन ने प्रसन्न होकर युधिष्ठिर से कहा, "बड़े भैया दुर्योधन अपने राजसी वैभव का हमारे सामने प्रदर्शन करने यहाँ आया था। गन्धर्वों ने दुर्योधन की दुर्दशा करके हमारे हित का काम किया है। आप कदापि उसे मत छुड़ाना।" इस पर युधिष्ठिर बोले, "भैया भीम ये लोग हमारी शरण में आये हैं और शरण में आये लोगों की रक्षा करना क्षत्रियों का धर्म होता है। फिर दुष्ट स्वभाव का होने के बाद भी दुर्योधन आखिर हमारा भाई ही है। उसके साथ की राज महिलाएँ हमारे ही कुल की महिलाएँ हैं और उनका निरादर होने से हमारे ही कुल को कलंक लगेगा।

इसलिये उचित यही है कि तुम और अर्जुन जाकर उनकी रक्षा करो।"अपने बड़े भाई की आज्ञा मानकर भीम और अर्जुन ने सरोवर के पास जाकर चित्ररथ को युद्ध के लिये ललकारा। उनकी ललकार सुनकर चित्ररथ क्रोधित होने के बजाय मुस्कुराते हुये अर्जुन के पास आये और बोले, "हे पार्थ मैं तो तुम्हारा सखा ही हूँ। वास्तव में दुष्ट दुर्योधन अपनी सेना के साथ तुम लोगों का वध करने के लिये यहाँ आया था।

देवराज इन्द्र को इस बात की सूचना मिल चुकी थी इसलिये उन्होंने मुझे यहाँ भेजा था। हे सखा नीति कहती है कि ऐसे दुष्टों को कभी क्षमा नहीं करना चाहिये, किन्तु अपने बड़े भ्राता की आज्ञा मानकर यदि तुम दुर्योधन को छुड़ाना ही चाहते हो, तो लो मैं इसे तथा इसके साथ की राजमहिलाओं को अभी छोड़ देता हूँ।" इतना कहकर चित्ररथ ने दुर्योधन सहित समस्त कैदियों को मुक्त कर दिया।वे सभी वहाँ से धर्मराज युधिष्ठिर के पास आये। ग्लानि से भरे दुर्योधन ने युधिष्ठिर को प्रणाम किया और लज्जा से सिर झुकाये अपने नगर की ओर चल दिया।

15

कीचक वध

पाण्डवों को मत्स्य नरेश विराट की राजधानी में निवास करते हुये दस माह व्यतीत हो गये। सहसा एक दिन राजा विराट का साला कीचक अपनी बहन सुदेष्णा से भेंट करने आया। जब उसकी दष्टि सैरन्ध्री (द्रौपदी) पर पड़ी तो वह काम-पीड़ित हो उठा तथा सैरन्ध्री से एकान्त में मिलने के अवसर की ताक में रहने लगा। द्रौपदी भी उसकी कामुक दष्टि को भाँप गई। द्रौपदी ने महाराज विराट एवं महारानी सुदेष्णा से कहा भी कि कीचक मुझ पर कुदष्टि रखता है, मेरे पाँच गन्धर्व पति हैं, एक न एक दिन वे कीचक का वध देंगे। किन्तु उन दोनों ने द्रौपदी की बात की कोई परवाह न की।

लाचार होकर एक दिन द्रौपदी ने भीमसेन को कीचक की कुदष्टि तथा कुविचार के विषय में बता दिया। द्रौपदी के वचन सुनकर भीमसेन बोले, हे द्रौपदी तुम उस दुष्ट कीचक को अर्द्धरात्रि में नृत्यशाला मिलने का संदेश दे दो। नृत्यशाला में तुम्हारे स्थान पर मैं जाकर उसका वध कर दूँगा। सैरन्ध्री ने बल्लभ (भीमसेन) की योजना के अनुसार कीचक को रात्रि में नृत्यशाला में मिलने का संकेत दे दिया। द्रौपदी के इस संकेत से प्रसन्न कीचक जब रात्रि को नृत्यशाला में पहुँचा तो वहाँ पर भीमसेन द्रौपदी की एक साड़ी से अपना शरीर और मुँह ढँक कर वहाँ लेटे हुये थे।

उन्हें सैरन्ध्री समझकर कमोत्तेजित कीचक बोला, हे प्रियतमे मेरा सर्वस्व तुम पर न्यौछावर है। अब तुम उठो और मेरे साथ रमण करो। कीचक के वचन सुनते ही भीमसेन उछल कर उठ खड़े हुये और बोले, रे पापी तू सैरन्ध्री नहीं अपनी मृत्यु के समक्ष खड़ा है। ले अब परस्त्री पर कुदष्टि डालने का फल चख। इतना कहकर भीमसेन ने कीचक को लात और घूँसों से मारना आरम्भ कर दिया।

जिस प्रकार प्रचण्ड आँधी वृक्षों को झकझोर डालती है उसी प्रकार भीमसेन कीचक को धक्के मार-मार कर सारी नृत्यशाला में घुमाने लगे। अनेक बार उसे घुमा-घुमा कर पृथ्वी पर पटकने के बाद अपनी भुजाओं से उसके गरदन को मरोड़कर उसे पशु की मौत मार डाला। उसकी उस दुर्गति को देखकर द्रौपदी को अत्यन्त सन्तोष प्राप्त हुआ। फिर बल्लभ और

सैरन्ध्री चुपचाप अपने-अपने स्थानों में जाकर सो गये। प्रातकाल जब कीचक के वध का समाचार सबको मिला तो महारानी सुदेष्णा, राजा विराट, कीचक के अन्य भाई आदि विलाप करने लगे।

जब कीचक के शव को अन्त्येष्टि के लिये ले जाया जाने लगा तो द्रौपदी ने राजा विराट से से कहा, इसे मुझ पर कुदष्टि रखने का फल मिल गया, अवश्य ही मेरे गन्धर्व पतियों ने इसकी यह दुर्दशा की है। द्रौपदी के वचन सुन कर कीचक के भाइयों ने क्रोधित होकर कहा, हमारे अत्यन्त बलवान भाई की मृत्यु इसी सैरन्ध्री के कारण हुई है अत इसे भी कीचक की चिता के साथ जला देना चाहिये। इतना कहकर उन्होंने द्रौपदी को जबरदस्ती कीचक की अर्थी के साथ बाँध के और श्मशान की ओर ले जाने लगे। कंक, बल्लभ, वृहन्नला, तन्तिपाल तथा ग्रान्थिक के रूप में वहाँ उपस्थित पाण्डवों से द्रौपदी की यह दुर्दशा देखी नहीं जा रही थी किन्तु अज्ञातवास के कारण वे स्वयं को प्रकट भी नहीं कर सकते थे।

इसलिये भीमसेन चुपके से परकोटे को लाँघकर श्मशान की ओर दौड़ पड़े और रास्ते में कीचड़ तथा मिट्टी का सारे अंगों पर लेप कर लिया। फिर एक विशाल वृक्ष को उखाड़कर कीचक के भाइयों पर टूट पड़े। उनमें से कितनों को ही भीमसेन ने मार डाला, जो शेष बचे वे अपना प्राण बचाकर भाग निकले। इसके बाद भीमसेन ने द्रौपदी को सान्त्वना देकर महल में भेज दिया और स्वयं नहा-धोकर दूसरे रास्ते से अपने स्थान में लौट आये।कीचक तथा उसके भाइयों का वध होते देखकर महाराज विराट सहित सभी लोग द्रौपदी से भयभीत रहने लगे। कीचक के वध की सूचना आँधी की तरह फैल गई। वास्तव में कीचक बड़ा पराक्रमी था और उससे त्रिगर्त के राजा सुशर्मा तथा हस्तिनापुर के कौरव आदि डरते थे।

महल में केवल राजकुमार उत्तर ही थे। प्रजा को रक्षा के लिये गुहार लगाते देख कर सैरन्ध्री (द्रौपदी) से रहा न गया और उन्होंने राजकुमार उत्तर को कौरवों से युद्ध करने के लिये न जाते हुये देखकर खूब फटकारा। सैरन्ध्री की फटकार सुनकर राजकुमार उत्तर ने शेखी बघारते हुये कहा, मैं युद्ध में जाकर कौरवों को अवश्य हरा देता किन्तु असमर्थ हूँ, क्योंकि मेरे पास कोई सारथी नहीं है। उसकी बात सुनकर सैरन्ध्री ने कहा, राजकुमार वृहन्नला बहुत निपुण सारथी है और वह कुन्तीपुत्र अर्जुन का सारथी रह चुकी है। तुम उसे अपना सारथी बना कर युद्ध के लिये जाओ। अन्तत राजकुमार उत्तर वृहन्नला को सारथी बनाकर युद्ध के लिये निकला। उस दिन पाण्डवों के अज्ञातवास का समय समाप्त हो चुका था तथा उनके प्रकट होने का समय आ चुका था। उर्वशी के शापवश मिली अर्जुन की नपुंसकता भी खत्म हो चुकी थी।

अत मार्ग में अर्जुन ने उस श्मशान के पास, जहाँ पाण्डवों ने अपने अस्त्र-शस्त्र छुपाये थे, रथ रोका और चुपके से अपने हथियार ले लिये। जब उनका रथ युद्धभूमि में पहुँचा तो कौरवों की विशाल सेना और भीष्म, द्रोण, कर्ण, अश्वत्थामा, दुर्योधन आदि पराक्रमी योद्धाओं को देखकर राजकुमार उत्तर अत्यन्त घबरा गया और बोला, वृहन्नला तुम रथ वापस ले चलो। मैं इन योद्धाओं से मुकाबला नहीं कर सकता। वृहन्नला ने कहा, हे राजकुमार किसी भी

क्षत्रियपुत्र के लिये युद्ध में पीठ दिखाने से तो अच्छा है कि वह युद्ध में वीरगति प्राप्त कर ले।

उठाओ अपने अस्त्र-शस्त्र और करो युद्ध। किन्तु राजकुमार उत्तर पर वृहन्नला के वचनों का कोई प्रभाव नहीं पड़ा और वह रथ से कूद कर भागने लगा। इस पर अर्जुन (वृहन्नला) ने लपक कर उसे पकड़ लिया और कहा, राजकुमार भयभीत होने की आवश्यकता नहीं है। मेरे होते हुये तुम्हारा कोई भी कुछ नहीं बिगाड़ सकता। आज मैं तुम्हारे समक्ष स्वयं को प्रकट कर रहा हूँ, मैं पाण्डुपुत्र अर्जुन हूँ, और कंक युधिष्ठिर, बल्लभ भीमसेन, तन्तिपाल नकुल तथा ग्रान्थिक सहदेव हैं। अब मैं इनसे युद्ध करूँगा, तुम अब इस रथ की बागडोर संभालो। यह वचन सुनकर राजकुमार उत्तर ने गद्गद् होकर अर्जुन के पैर पकड़ लिया। के देवदत्त शंख की ध्वनि रणभूमि में गूँज उठी। उस विशिष्ट ध्वनि को सुनकर दुर्योधन भीष्म से बोला, पितामह यह तो अर्जुन के देवदत्त शंख की ध्वनि है, अभी तो पाण्डवों का अज्ञातवास समाप्त नहीं हुआ है। अर्जुन ने स्वयं को प्रकट कर दिया इसलिये अब पाण्डवों को पुनः बारह वर्ष का वनवास और एक वर्ष का अज्ञातवास भोगना होगा।

दुर्योधन के वचन सुनकर भीष्म पितामह ने कहा, दुर्योधन कदाचित तुम्हें ज्ञात नहीं है कि पाण्डव काल की गति जानने वाले हैं, बिना अवधि पूरी किये अर्जुन कभी सामने नहीं आ सकता। मैंने भी गणना कर लिया है कि पाण्डवों के अज्ञातवास की अवधि पूर्ण हो चुकी है। दुर्योधन एक दीर्घ निश्वास छोड़ते हुये बोला, अब जब अर्जुन का आना निश्चित हो चुका है तो पितामह हमें शीघ्र ही व्यूह रचना कर लेना चाहिये। इस पर भीष्म ने कहा, वत्स तुम एक तिहाई सेना लेकर गौओं के साथ विदा हो जाओ। शेष सेना को साथ लेकर हम लोग यहाँ पर अर्जुन से युद्ध करेंगे।

भीष्म पितामह के परामर्श के अनुसार दुर्योधन गौओं को लेकर एक तिहाई सेना के साथ हस्तिनापुर की ओर चल पड़ा। यह देखकर कि दुर्योधन रणभूमि से लौटकर जा रहा है अर्जुन ने अपना रथ दुर्योधन के पीछे दौड़ा दिया और भागते हुये दुर्योधन को मार्ग में ही घेरकर अपने असंख्य बाणों से उसे व्याकुल कर दिया। अर्जुन के बाणों से दुर्योधन के सैनिकों के पैर उखड़ गये और वे पीठ दिखा कर भाग गये। सारी गौएँ भी रम्भाती हुईं विराट नगर की ओर भाग निकलीं। दुर्योधन को अर्जुन के बाणों से घिरा देखकर कर्ण, द्रोण, भीष्म आदि सभी वीर उसकी रक्षा के लिय दौड़ पड़े। कर्ण को सामने देख कर अर्जुन के क्रोध का पारावार न रहा।

उन्होंने कर्ण पर इतने बाण बरसाये कि उसके रथ, घोड़े, सारथी सभी नष्ट भ्रष्ट हो गये और कर्ण भी मैदान छोड़ कर भाग गया। कर्ण के चले जाने पर भीष्म और द्रोण एक साथ अर्जुन पर बाण छोड़ने लगे किन्तु अर्जुन अपने बाणों से बीच में ही उनके बाणों के टुकड़े-टुकड़े कर देते थे। अन्ततः अर्जुन के बाणों से व्याकुल होकर सारे कौरव मैदान छोड़ कर भाग गये।कौरवों के इस प्रकार भाग जाने पर अर्जुन भी विजयशंख बजाते हुये विराट नगर लौट आये।

16

पांडवो का राज्य

पाण्डवों का राज्य लौटाने का आग्रह और दोनो पक्षो की कृष्ण से सहायता की माँग राजा सुशर्मा तथा कौरवों को रणभूमि से भगा देने के बाद पाण्डवों ने स्वयं को सार्वजनिक रूप से प्रकट कर दिया। उनका असली परिचय पाकर राजा विराट को अत्यन्त प्रसन्नता हुई और उन्होंने अपनी पुत्री उत्तरा का विवाह अर्जुन के पुत्र अभिमन्यु के साथ बड़े ही धूमधाम के साथ कर दिया। इस विवाह में श्री कृष्ण तथा बलराम के साथ ही साथ अनेक बड़े-बड़े राजा-महाराजा भी सम्मिलित हुये।

अभिमन्यु के विवाह के पश्चात् पाण्डवों ने अपना राज्य वापस लौटाने के उद्देश्य से श्रीकृष्ण को अपना दूत बना कर हस्तिनापुर भेजा। धृतराष्ट्र के राज सभा में यथोचित सत्कार और आसन पाने के बाद श्री कृष्ण बोले, "हे राजन् पाण्डवों ने यहाँ उपस्थित सभी गुरुजनों को प्रणाम भेजते हुये कहलाया है कि हमने पूर्व किये करार के अनुसार बारह वर्ष का वनवास तथा एक वर्ष का अज्ञातवास पूरा कर लिया है। अब आप हमें दिये वचन के अनुसार हमारा आधा राज्य लौटा दीजिये।".

श्री कृष्ण के वचनों को सुन कर वहाँ उपस्थित भीष्म, विदुर, द्रोण आदि गुरुजनों तथा परशुराम, कण्व आदि महर्षिगणों ने धृतराष्ट्र को समझाया कि वे धर्म तथा न्याय के मार्ग में चलते हुये पाण्डवों को उनका राज्य तत्काल लौटा दें। किन्तु उनकी इस समझाइश को सुनकर दुर्योधन ने अत्यन्त क्रोधित होकर कहा, "ज्येष्ठ पुत्र होने के नाते इस राज्य पर मेरे पिता धृतराष्ट्र का अधिकार था किन्तु उनके अन्धत्व का लाभ उठा कर चाचा पाण्डु ने राजसिंहासन पर अधिकार कर लिया। मैं महाराज धृतराष्ट्र का ज्येष्ठ पुत्र हूँ अतः इस राज्य पर मेरा और केवल मेरा अधिकार है। मैं पाण्डवों को राज्य तो क्या, सुई की नोक के बराबर भी भूमि देने के लिये तैयार नहीं हूँ।

यदि उन्हें अपना राज्य वापस चाहिये तो वे हमसे युद्ध करके उसे प्राप्त कर लें।उपस्थित समस्त जनों के बारम्बार समझाने के बाद भी दुर्योधन अपनी बात पर अडिग रहा और श्री कृष्ण वापस पाण्डवों के पास चले आये और दोनों पक्षों में युद्ध की तैयारी होने लगी। पाण्डवों

को राज्य न देने के अपने निश्चय पर दुर्योधन के अड़ जाने के कारण दोनों पक्ष मे मध्य युद्ध निश्चित हो गया तथा दोनों ही पक्ष अपने लिये सहायता जुटाने में लग गये। एक दिन दुर्योधन श्री कृष्ण से भावी युद्ध के लिये सहायता प्राप्त करने हेतु द्वारिकापुरी जा पहुँचा।

जब वह पहुँचा उस समय श्री कृष्ण निद्रा मग्न थे अतएव वह उनके सिरहाने जा बैठा। इसके कुछ ही देर पश्चात पाण्डुतनय अर्जुन भी इसी कार्य से उनके पास पहुँचे और उन्हें सोया देखकर उनके पैताने बैठ गये। जब श्री कृष्ण की निद्रा टूटी तो पहले उनकी दृष्टि अर्जुन पर पड़ी।

अर्जुन से कुशल क्षेम पूछने के भगवान कृष्ण ने उनके आगमन का कारण पूछा। अर्जुन ने कहा, "भगवन् मैं भावी युद्ध के लिये आपसे सहायता लेने आया हूँ।" अर्जुन के इतना कहते ही सिरहाने बैटा हुआ दुर्योधन बोल उठा, "हे कृष्ण मैं भी आपसे सहायता के लिये आया हूँ।

चूँकि मैं अर्जुन से पहले आया हूँ इसलिये सहायता माँगने का पहला अधिकार मेरा है।" दुर्योधन के वचन सुनकर भगवान कृष्ण ने घूमकर दुर्योधन को देखा और कहा, "हे दुर्योधन मेरी दृष्टि अर्जु पर पहले पड़ी है, और तुम कहते हो कि तुम पहले आये हो। अतः मुझे तुम दोनों की ही सहायता करनी पड़ेगी। मैं तुम दोनों में से एक को अपनी पूरी सेना दे दूँगा और दूसरे के साथ मैं स्वयं रहूँगा। किन्तु मैं न तो युद्ध करूँगा और न ही शस्त्र धारण करूँगा।

अब तुम लोग निश्चय कर लो कि किसे क्या चाहिये।" अर्जुन ने श्री कृष्ण को अपने साथ रखने की इच्छा प्रकट की जिससे दुर्योधन प्रसन्न हो गया क्योंकि वह तो श्री कृष्ण की विशाल सेना लेने के लिये ही आया था। इस प्रकार श्री कृष्ण ने भावी युद्ध के लिये दुर्योधन को अपनी सेना दे दी और स्वयं पाण्डवों के साथ हो गये। दुर्योधन के जाने के बाद श्री कृष्ण ने अर्जुन से पूछा, "हे पार्थ मेरे युद्ध नहीं का निश्चय के बाद भी तुमने क्या सोच कर मुझे माँगा?" अर्जुन ने उत्तर दिया, "भगवन् मेरा विश्वास है कि जहाँ आप हैं वहीं विजय है। और फिर मेरी इच्छा है कि आप मेरा सारथी बने।" अर्जुन की बात सुनकर भगवान श्री कृष्ण ने उनका सारथी बनना स्वीकार कर लिया।

17

शांति दूत श्रीकृष्ण

धर्मराज युधिष्ठिर सात अक्षौहिणी सेना के स्वामी होकर कौरवों के साथ युद्ध करने को तैयार हुए। पहले भगवान् श्रीकृष्ण परम क्रोधी दुर्योधन के पास दूत बनकर गये। उन्होंने ग्यारह अक्षौहिणी सेना के स्वामी राजा दुर्योधन से कहा- 'राजन् तुम युधिष्ठिर को आधा राज्य दे दो या उन्हें पाँच ही गाँव अर्पित कर दो नहीं तो उनके साथ युद्ध करो।' श्रीकृष्ण की बात सुनकर दुर्योधन ने कहा- 'मैं उन्हें सुई की नोक के बराबर भूमि भी नहीं दूँगा हाँ, उनसे युद्ध अवश्य करूँगा।' ऐसा कहकर वह भगवान् श्रीकृष्ण को बंदी बनाने के लिये उद्यत हो गया। उस समय राजसभा में भगवान् श्रीकृष्ण ने अपने परम दुर्धर्ष विश्वरूप का दर्शन कराकर दुर्योधन को भयभीत कर दिया।

फिर विदुर ने अपने घर ले जाकर भगवान् का पूजन और सत्कार किया। तदनन्तर वे युधिष्ठिर के पास लौट गये और बोले-'महाराज आप दुर्योधन के साथ युद्ध कीजिये' युधिष्ठिर और दुर्योधन की सेनाएँ कुरुक्षेत्र के मैदान में जा डटीं। अपने विपक्ष में पितामह भीष्म तथा आचार्य द्रोण आदि गुरुजनों को देखकर अर्जुन युद्ध से विरत हो गये, तब भगवान् श्रीकृष्ण ने उनसे कहा-"पार्थ भीष्म आदि गुरुजन शोक के योग्य नहीं हैं। मनुष्य का शरीर विनाशशील है, किंतु आत्मा का कभी नाश नहीं होता। यह आत्मा ही परब्रह्म है। 'मैं ब्रह्म हूँ'- इस प्रकार तुम उस आत्मा को समझो।

कार्य की सिद्धि और असिद्धि में समानभाव से रहकर कर्मयोग का आश्रय ले क्षात्रधर्म का पालन करो।" श्रीकृष्ण के ऐसा कहने पर अर्जुन रथारूढ़ हो युद्ध में प्रवृत्त हुए। उन्होंने शंखध्वनि की। दुर्योधन की सेना में सबसे पहले पितामह भीष्म सेनापति हुए। पाण्डवों के सेनापति शिखण्डी थे। इन दोनों में भारी युद्ध छिड़ गया। भीष्मसहित कौरव पक्ष के योद्धा उस युद्ध में पाण्डव-पक्ष के सैनिकों पर प्रहार करने लगे और शिखण्डी आदि पाण्डव- पक्ष के वीर कौरव-सैनिकों को अपने बाणों का निशाना बनाने लगे। कौरव और पाण्डव-सेना का वह युद्ध, देवासुर-संग्राम के समान जान पड़ता था। आकाश मे खड़े होकर देखने वाले देवताओं को वह युद्ध बड़ा आनन्ददायक प्रतीत हो रहा था। भीष्म ने दस दिनों तक युद्ध करके

पाण्डवों की अधिकांश सेना को अपने बाणों से मार गिराया।

18

भीष्म द्रोण वध

बाणो की शय्या पर लेटे भीष्म दसवें दिन अर्जुन ने वीरवर भीष्म पर बाणों की बड़ी भारी वृष्टि की। इधर द्रुपद की प्रेरणा से शिखण्डी ने भी पानी बरसाने वाले मेघ की भाँति भीष्म पर बाणों की झड़ी लगा दी। दोनों ओर के हाथीसवार, घुड़सवार, रथी और पैदल एक-दूसरे के बाणों से मारे गये। भीष्म की मृत्यु उनकी इच्छा के अधीन थी।जब पांडवों को ये समझ में आ गया की भीष्म के रहते वो इस युद्ध को नहीं जीत सकते तो श्रीकृष्ण के सुझाव पर उन्होंने भीष्म पितामह से ही उनकी मृत्यु का उपाय पूछा.

उन्होंने कहा कि जब तक मेरे हाथ में शस्त्र है तब तक महादेव के अतिरिक्त मुझे कोई नहीं हरा सकता. उन्होंने ने ही पांडवों को सुझाव दिया कि शिखंडी को सामने करके युद्ध लड़े. वो जानते थे कि शिखंडी पूर्व जन्म में अम्बा थी इसलिए वो उसे कन्या ही मानते थे. १०वे दिन के युद्ध में अर्जुन ने शिखंडी को आगे अपने रथ पर बिठाया. शिखंडी को आगे देख कर भीष्म ने अपना धनुष त्याग दिया. उनके शस्त्र त्यागने के बाद अर्जुन ने उन्हें बाणो कि शय्या पर सुला दिया। वे उत्तरायण की प्रतीक्षा में भगवान् विष्णु का ध्यान और स्तवन करते हुए समय व्यतीत करने लगे। भीष्म के बाण-शय्या पर गिर जाने के बाद जब दुर्योधन शोक से व्याकुल हो उठा, तब आचार्य द्रोण ने सेनापतित्व का भार ग्रहण किया।

उधर हर्ष मनाती हुई पाण्डवों की सेना में धृष्टद्युम्न सेनापति हुए। उन दोनों में बड़ा भयंकर युद्ध हुआ, जो यमलोक की आबादी को बढ़ाने वाला था।तेरहवे दिन के युद्ध में, कौरव सेना के प्रधान सेनापति, गुरु द्रोणाचार्य द्वारा, युधिष्ठिर को बंदी बनाने के लिए चक्रव्यूह/पद्मव्यूह की रचना की गई। पाण्डव पक्ष में केवल कृष्ण और अर्जुन ही चक्रव्यूह भेदन जानते थे। लेकिन उस दिन उन्हें त्रिगत नरेश बंधु युद्ध करते-करते चक्रव्यूह स्थल से बहुत दूर ले गए। त्रिगत दुर्योधन के शासनाधीन एक राज्य था। अर्जुन पुत्र अभिमन्यु को चक्रव्यूह में केवल प्रवेश करना आता था, उससे निकलना नहीं, जिसे उसने तब सुना था जब वह अपनी माता के गर्भ में था और उसके पिता अर्जुन उसकी माता को यह विधि समझा रहे थे और बीच में ही उन्हें नींद आ गई।

लेकिन जैसे ही अभिमन्यु ने चक्रव्यूह में प्रवेश किया, सिन्धु नरेश – जयद्रथ ने प्रवेश मार्ग रोक लिया और अन्य पाण्डवों को भीतर प्रवेश नहीं करने दिया। तब शत्रुचक्र में अभिमन्यु अकेला पड़ गया। अकेला होने पर भी वह वीरता से लड़ा और उसने अकेले ही कौरव सेना के बड़े-बड़े योद्धाओं को परास्त किया जिन्में स्वयं कर्ण, द्रोण और दुर्योधन भी थे। कर्ण और दुर्योधन ने गुरु द्रोण के निर्देशानुसार अभिमन्यु का वध करने का निर्णय लिया।

कर्ण ने बाण चलाकर अभिमन्यु का धनुष और रथ का एक पहिया तोड़ दिया जिससे वह भूमि पर गिर पड़ा और अन्य कौरवों ने उसपर आक्रमण कर दिया। इस युद्ध में अभिमन्यु मारा गया। युद्ध समाप्ति पर जब अर्जुन को ये पता लगता है कि अभिमन्यु के मारे जाने में जयद्रथ का सबसे बड़ा हाथ है तो वह प्रतिज्ञा लेता है की अगले दिन का सूर्यास्त होने से पूर्व वह जयद्रथ का वध कर देगा अन्यथा अग्नि समाधि ले लेगा।

चौदहवें दिन का युद्ध अविलक्षण रूप से सूर्यास्त के बाद तक चलता रहा और भीमपुत्र घटोत्कच, जो अर्ध-असुर था, कौरव सेनाओं का बड़े पैमाने पर संहार करता रहा। आमतौर पर, असुर रात्री के समय बहुत अधिक शक्तिशाली हो जाते हैं। दुर्योधन और कर्ण ने वीरता से उसका सामना किया और उससे युद्ध किया। अंततः जब यह लगने लगा कि उसी रात घटोत्कच सारी कौरव सेना का संहार कर देगा तो, दुर्योधन ने कर्ण से ये निवेदन किया कि वह किसी भी प्रकार से इस समस्या से छुटकारा दिलाए। कर्ण को विवश होकर शक्ति अस्त्र घटोत्कच पर चलाना पड़ा।

यह अस्त्र देवराज इंद्र द्वारा कर्ण को उसकी दानपरायणता के सम्मान स्वरूप दिया गया था (जब कर्ण ने अपने कवच-कुंडल इंद्र को दान दे दिए थे)। लेकिन कर्ण इस अस्त्र का प्रयोग केवल एक बार कर सकता था, जिसके बाद यह अस्त्र इंद्र के पास लौट जाएगा। इस प्रकार, शक्ति अस्त्र का प्रयोग घटोत्कच पर करने के बाद वह इसे बाद में अर्जुन पर ना कर सका। विराट और द्रुपद आदि राजा द्रोणरूपी समुद्र में डूब गये।उस समय द्रोण काल के समान जान पड़ते थे। इतने ही में उनके कानों में यह आवाज आयी कि 'अश्वत्थामा मारा गया'। इतना सुनते ही आचार्य द्रोण ने अस्त्र शस्त्र त्याग दिये। ऐसे समय में धृष्टद्युम्न के बाणों से आहत होकर वे पृथ्वी पर गिर पड़े।

19

कर्ण और दुर्योधन वध

द्रोण बड़े ही दुर्धर्ष थे। वे सम्पूर्ण क्षत्रियों का विनाश करके पाँच वें दिन मारे गये। दुर्योधन पुन शोक से आतुर हो उठा। उस समय कर्ण उसकी सेना का कर्णधार हुआ। पाण्डव-सेना का आधिपत्य अर्जुन को मिला। कर्ण और अर्जुन में भाँति-भाँति के अस्त्र-शस्त्रों की मार-काट से युक्त महाभयानक युद्ध हुआ, जो देवासुर-संग्राम को भी मात करने वाला था। कर्ण और अर्जुन के संग्राम में कर्ण ने अपने बाणों से शत्रु-पक्ष के बहुत-से वीरों का संहार कर डाला सत्रहवें दिन से पहले तक, कर्ण का युद्ध अर्जुन के अतिरिक्त सभी पांडवों से हुआ। उसने महाबली भीम सहित इन पाण्डवों को एक-पर-एक रण में परास्त भी किया था। पर माता कुंती को दिए वचनानुसार उसने किसी भी पांडव की हत्या नहीं की।

सत्रहवें दिन के युद्ध में आखिरकार वह घड़ी आ ही गई, जब कर्ण और अर्जुन आमने-सामने आ गए। इस शानदार संग्राम में दोनों ही बराबर थे। कर्ण को उसके गुरू परशुराम द्वारा विजय नामक धनुष भेंट स्वरूप दिया गया था, जिसका प्रतिरूप स्वयं विश्वकर्मा ने बनाया था। दुर्योधन के निवेदन पर पांडवों के मामा शल्य कर्ण के सारथी बनने के लिए तैयार हुए। दरसल अर्जुन के सारथी स्वयं श्रीकृष्ण थे, और कर्ण किसी भी मामले में अर्जुन से कम ना हो इसके लिए शल्य से सारथी बनने का निवेदन किया गया, क्योंकि उनके अंदर वे सभी गुण थे जो एक योग्य सारथी में होने चाहिए।

रण के दौरान, अर्जुन के बाण कर्ण के रथ पर लगे और उसका रथ कई गज पीछे खिसक गया। लेकिन, जब कर्ण के बाण अर्जुन के रथ पर लगे तो उसका रथ केवल कुछ ही बालिश्त (हथेली जितनी दूरी) दूर खिसका। इसपर श्रीकृष्ण ने कर्ण की प्रशंसा की। इस बात पर चकित होकर अर्जुन ने कर्ण की इस प्रशंसा का कारण पूछा, क्योंकि उसके बाण रथ को पीछे खिसकाने में अधिक प्रभावशाली थे। तब कृष्ण ने कहा कि कर्ण के रथ पर केवल कर्ण और शल्य का भार है, लेकिन अर्जुन के रथ पर तो स्वयं वे और हनुमान विराजमान है, और तब भी कर्ण ने उनके रथ को कुछ बालिश्त पीछे खिसका दिया। इसी प्रकार कर्ण ने कई बार अर्जुन के धनुष की प्रत्यंचा काट दी।

लेकिन हर बार अर्जुन पलक झपकते ही धनुष पर प्रत्यंचा चढ़ा लेता। इसके लिए कर्ण अर्जुन की प्रशंसा करता है और शल्य से कहता है कि वह अब समझा कि क्यों अर्जुन को सर्वश्रेष्ठ धनुर्धर कहा जाता है। कर्ण और अर्जुन ने दैवीय अस्त्रों को चलाने के अपने-अपने ज्ञान का पूर्ण उपयोग करते हुए बहुत लंबा और घमासान युद्ध किया। कर्ण द्वारा अर्जुन का सिर धड़ से अलग करने के लिए “नागास्त्र” का प्रयोग किया गया।

लेकिन श्रीकृष्ण द्वारा सही समय पर रथ को भूमि में थोड़ा सा धँसा लिया गया जिससे अर्जुन बच गया। इससे “नागास्त्र” अर्जुन के सिर के ठीक ऊपर से उसके मुकुट को छेदता हुआ निकल गया। नागास्त्र पर उपस्थित अश्वसेना नाग ने कर्ण से निवेदन किया कि वह उस अस्त्र का दोबारा प्रयोग करे ताकि इस बार वह अर्जुन के शरीर को बेधता हुआ निकल जाए, लेकिन कर्ण माता कुंती को दिए वचन का पालन करते हुए उस अस्त्र के पुनः प्रयोग से मना कर देता है।

धरती में धंसे अपने रथ के पहिए को निकालता कर्ण।यद्यपि युद्ध गतिरोधपूर्ण हो रहा था लेकिन कर्ण तब उलझ गया जब उसके रथ का एक पहिया धरती में धँस गया (धरती माता के श्राप के कारण)। वह अपने को दैवीय अस्त्रों के प्रयोग में भी असमर्थ पाता है, जैसा की उसके गुरु परशुराम का श्राप था। तब कर्ण अपने रथ के पहिए को निकालने के लिए नीचे उतरता है और अर्जुन से निवेदन करता है की वह युद्ध के नियमों का पालन करते हुए कुछ देर के लिए उसपर बाण चलाना बंद कर दे। तब श्रीकृष्ण, अर्जुन से कहते हैं कि कर्ण को कोई अधिकार नहीं है की वह अब युद्ध नियमों और धर्म की बात करे, जबकि स्वयं उसने भी अभिमन्यु वध के समय किसी भी युद्ध नियम और धर्म का पालन नहीं किया था। उन्होंने आगे कहा कि तब उसका धर्म कहाँ गया था जब उसने दिव्य-जन्मा द्रौपदी को पूरी कुरु राजसभा के समक्ष वैश्या कहा था। द्युत-क्रीड़ा भवन में उसका धर्म कहाँ गया था। इसलिए अब उसे कोई अधिकार नहीं की वह किसी धर्म या युद्ध नियम की बात करे और उन्होंने अर्जुन से कहा कि अभी कर्ण असहाय है (ब्राह्मण का श्राप फलीभूत हुआ) इसलिए वह उसका वध करे। श्रीकृष्ण कहते हैं की यदि अर्जुन ने इस निर्णायक मोड़ पर अभी कर्ण को नहीं मारा तो संभवतः पांडव उसे कभी भी नहीं मार सकेंगे और यह युद्ध कभी भी नहीं जीता जा सकेगा। तब, अर्जुन ने एक दैवीय अस्त्र का उपयोग करते हुए कर्ण का सिर धड़ से अलग कर दिया। कर्ण के शरीर के भूमि पर गिरने के बाद एक ज्योति कर्ण के शरीर से निकली और सूर्य में समाहित हो गई। तब श्रीकृष्ण, अर्जुन से कहते हैं कि कर्ण को कोई अधिकार नहीं है की वह अब युद्ध नियमों और धर्म की बात करे, जबकि स्वयं उसने भी अभिमन्यु वध के समय किसी भी युद्ध नियम और धर्म का पालन नहीं किया था। उन्होंने आगे कहा कि तब उसका धर्म कहाँ गया था जब उसने दिव्य-जन्मा द्रौपदी को पूरी कुरु राजसभा के समक्ष वैश्या कहा था। द्युत-क्रीड़ा भवन में उसका धर्म कहाँ गया था। इसलिए अब उसे कोई अधिकार नहीं की वह किसी धर्म या युद्ध नियम की बात करे और उन्होंने अर्जुन से कहा कि अभी कर्ण असहाय है (ब्राह्मण का श्राप फलीभूत हुआ) इसलिए वह उसका वध

करे। श्रीकृष्ण कहते हैं की यदि अर्जुन ने इस निर्णायक मोड़ पर अभी कर्ण को नहीं मारा तो संभवतः पांडव उसे कभी भी नहीं मार सकेंगे और यह युद्ध कभी भी नहीं जीता जा सकेगा। तब, अर्जुन ने एक दैवीय अस्त्र का उपयोग करते हुए कर्ण का सिर धड़ से अलग कर दिया। कर्ण के शरीर के भूमि पर गिरने के बाद एक ज्योति कर्ण के शरीर से निकली और सूर्य में समाहित हो गई।।तदनन्तर राजा शल्य कौरव-सेना के सेनापति हुए, किंतु वे युद्ध में आधे दिन तक ही टिक सके। दोपहर होते-होते राजा युधिष्ठिर ने उन्हें मार दिया।

20

महाभारतयुद्ध की समाप्ति

दुर्योधन की प्राय सारी सेना युद्ध में मारी गयी थी। अन्ततोगत्वा उसका भीमसेन के साथ युद्ध हुआ। उसने पाण्डव-पक्ष के पैदल आदि बहुत-से सैनिकों का वध करके भीमसेन पर धावा किया। उस समय गदा से प्रहार करते हुए दुर्योधन के अन्य छोटे भाई भी भीमसेन के ही हाथ से मारे गये अपने राजा दुर्योधन की ऐसी दशा देखकर और अपने पिता द्रोणाचार्य की मृत्यु का स्मरण कर अश्वत्थामा अधीर हो गया।

छुप कर वह पांडवों के शिविर में पहुँचा और घोर कालरात्रि में कृपाचार्य तथा कृतवर्मा की सहायता से पांडवों के बचे हुये वीर महारथियों को मार डाला। केवल यही नहीं, उसने पांडवों के पाँचों पुत्रों के सिर भी अश्वत्थामा ने काट डाले। अश्वत्थामा के इस कुकर्म की सभी ने निंदा की यहाँ तक कि दुर्योधन तक को भी यह अच्छा नहीं लगा। पुत्रों के हत्या से दुखी द्रौपदी विलाप करने लगी। उसके विलाप को सुन कर अर्जुन ने उस नीच कर्म हत्यारे ब्राह्मण के सिर को काट डालने की प्रतिज्ञा की। अर्जुन की प्रतिज्ञा सुन अश्वत्थामा भाग निकला। श्रीकृष्ण को सारथी बनाकर एवं अपना गाण्डीव धनुष लेकर अर्जुन ने उसका पीछा किया। अश्वत्थामा को कहीं भी सुरक्षा नहीं मिली तो भय के कारण उसने अर्जुन पर ब्रह्मास्त्र का प्रयोग कर दिया। अश्वत्थामा ब्रह्मास्त्र को चलाना तो जानता था पर उसे लौटाना नहीं जानता था।

उस अति प्रचण्ड तेजोमय अग्नि को अपनी ओर आता देख अर्जुन ने श्रीकृष्ण से विनती की, "हे जनार्दन आप ही इस त्रिगुणमयी श्रृष्टि को रचने वाले परमेश्वर हैं। श्रृष्टि के आदि और अंत में आप ही शेष रहते हैं। आप ही अपने भक्तजनों की रक्षा के लिये अवतार ग्रहण करते हैं। आप ही ब्रह्मास्वरूप हो रचना करते हैं, आप ही विष्णु स्वरूप हो पालन करते हैं और आप ही रुद्रस्वरूप हो संहार करते हैं।

आप ही बताइये कि यह प्रचण्ड अग्नि मेरी ओर कहाँ से आ रही है और इससे मेरी रक्षा कैसे होगी?" श्रीकृष्ण बोले, "है अर्जुन तुम्हारे भय से व्याकुल होकर अश्वत्थामा ने यह ब्रह्मास्त्र तुम पर छोड़ा है। इससे बचने के लिये तुम्हें भी अपने ब्रह्मास्त्र का प्रयोग करना होगा क्यों कि अन्य किसी अस्त्र से इसका निवारण नहीं हो सकता।" श्रीकृष्ण की इस मंत्रणा

को सुनकर महारथी अर्जुन ने भी तत्काल आचमन करके अपना ब्रह्मास्त्र छोड़ दिया। दोनों ब्रह्मास्त्र परस्पर भिड़ गये और प्रचण्ड अग्नि उत्पन्न होकर तीनों लोकों को तप्त करने लगी।

उनकी लपटों से सारी प्रजा दग्ध होने लगी। इस विनाश को देखकर अर्जुन ने दोंनों ब्रह्मास्त्रों को लौटा कर शांत कर दिया और झपट कर अश्वत्थामा को पकड़ कर बाँध लिया। श्रीकृष्ण बोले, "हे अर्जुन धर्मात्मा, सोये हुये, असावधान, मतवाले, पागल, अज्ञानी, रथहीन, स्त्री तथा बालक को मारना धर्म के अनुसार वर्जित है। इसने धर्म के विरुद्ध आचरण किया है, सोये हुये निरपराध बालकों की हत्या की है। जीवित रहेगा तो पुनः पाप करेगा। अत तत्काल इसका वध करके और इसका कटा हुआ सिर द्रौपदी के सामने रख कर अपनी प्रतिज्ञा पूरी करो।" श्रीकृष्ण के इन शब्दों को सुनने के बाद भी धीरवान अर्जुन को गुरुपुत्र पर दया ही आई और उन्होंने अश्वत्थामा को जीवित ही शिविर में ले जाकर द्रौपदी के सामने उपस्थित किया। पशु की तरह बँधे हुये गुरुपुत्र को देख कर ममतामयी द्रौपदी का कोमल हृदय पिघल गया।

उसने गुरुपुत्र को नमस्कार किया और उसे बन्धनमुक्त करने के लिये अर्जुन से कहा, इनके वध करने से मेरे मृत पुत्र लौट कर तो नहीं आ सकते अत आप इन्हें मुक्त कर दीजिये।" द्रौपदी के इन न्याय तथा धर्मयुक्त वचनों को सुन कर सभी ने उसकी प्रशंसा की किन्तु भीम का क्रोध शांत नहीं हुआ। अर्जुन ने अपनी तलवार से अश्वत्थामा के सिर के केश काट डाले और उसके मस्तक की मणि निकाल ली। मणि निकल जाने से वह श्रीहीन हो गया। श्रीहीन तो वह उसी क्षण हो गया था जब उसने बालकों की हत्या की थी किन्तु केश मुंड जाने और मणि निकल जाने से वह और भी श्रीहीन हो गया और उसका सिर झुक गया। अर्जुन ने उसे उसी अपमानित अवस्था में शिविर से बाहर निकाल दिया।

अश्वत्थामा को अपमानित कर शिविर से निकाल देने के पश्चात सारे पाण्डव अपने स्वजनों को जलदान करने के निमित्त धृतराष्ट्र तथा श्रीकृष्णचन्द्र को आगे कर के अपने वंश की सम्पूर्ण स्त्रियों के साथ गंगा तट पर गये. उसी समय एक अपूर्व घटना हुई. उन्होंने देखा कि उनकी वधू उत्तरा ने व्याकुल स्वर में कहा कि मुझे बचाओ मझे बचाओ मेरी रक्षा करो आप योग-योगेश्वर हैं. देवताओं के भी देवता हैं. संसार की रक्षा करने वाले हैं. आप सर्व शक्तिमान हैं. यह देखिये प्रज्ज्वलित लोहे का बाण मेरे गर्भ को नष्ट न कर दे. है प्रभो आप ही मेरी रक्षा करने में समर्थ हैं. ऐसे कातर वचन सुन कर श्रीकृष्ण तुरन्त रथ से कूद पड़े और बोले कि अश्वत्थामा ने पाण्डव वंश को नष्ट करने के लिये फिर से ब्रह्मास्त्र का प्रयोग किया है,जिससे उत्तरा का गर्भ अत्यन्त जलने लगा,परन्तु श्रीकृष्ण ने अपने तप से शिशु को पुनर्जिवित कर दिया।

21

यदुकुल का संहार

जब १८-दिन का युद्ध समाप्त हो जाता है, तो श्रीकृष्ण, अर्जुन को उसके रथ से नीचे उतर जाने के लिए कहते हैं। जब अर्जुन उतर जाता है तो वे उसे कुछ दूरी पर ले जाते हैं। तब वे हनुमानजी को रथ के ध्वज से उतर आने का संकेत करते हैं। जैसे ही श्री हनुमान उस रथ से उतरते हैं, अर्जुन के रथ के अश्व जीवित ही जल जाते हैं और रथ में विस्फोट हो जाता है। यह देखकर अर्जुन दहल उठता है। तब श्रीकृष्ण उसे बताते हैं की पितामह भीष्म, गुरु द्रोण, कर्ण, और अश्वत्थामा के धातक अस्त्रों के कारण अर्जुन के रथ में यह विस्फोट हुआ है।

यह अब तक इसलिए सुरक्षित था क्योंकि उस पर स्वयं उनकी कृपा थी और श्री हनुमान की शक्ति थी जो रथ अब तक इन विनाशकारी अस्त्रों के प्रभाव को सहन किए हुए था। महाभारत के युद्ध के पश्चात् सान्तवना देने के उद्देश्य से भगवान श्री कृष्णचन्द्र जी गांधारी के पास गये। गांधारी अपने सौ पुत्रों के मृत्यु के शोक में अत्यंत व्याकुल थी। भगवान श्री कृष्णचन्द्र को देखते ही गांधारी ने क्रोधित होकर उन्हें श्राप दे दिया कि तुम्हारे कारण से जिस प्रकार से मेरे सौ पुत्रों का आपस में लड़ कर के नाश हुआ है उसी प्रकार तुम्हारे यदुवंश का भी आपस में एक दूसरे को मारने के कारण नाश हो जायेगा।

भगवान श्री कृष्णचन्द्र ने माता गांधारी के उस श्राप को पूर्ण करने के लिये यादवों की मति को फेर दिया। एक दिन अहंकार के वश में आकर कुछ यदुवंशी बालकों ने दुर्वासा ऋषि का अपमान कर दिया। इस पर दुर्वासा ऋषि ने शाप दे दिया कि यादव वंश का नाश हो जाये। उनके शाप के प्रभाव से यदुवंशी पर्व के दिन प्रभास क्षेत्र में आये।

पर्व के हर्ष में उन्होंने अति नशीली मदिरा पी ली और मतवाले हो कर एक दूसरे को मारने लगे। इस तरह से भगवान श्री कृष्णचन्द्र को छोड़ कर एक भी यादव जीवित न बचा। इस घटना के बाद भगवान श्री कृष्णचन्द्र महाप्रयाण कर के स्वधाम चले जाने के विचार से सोमनाथ के पास वन में एक पीपल के वृक्ष के नीचे बैठ कर ध्यानस्थ हो गये। जरा नामक एक बहेलिये ने भूलवश उन्हें हिरण समझ कर विषयुक्त बाण चला दिया जो के उनके पैर के तलुवे में जाकर लगा और भगवान श्री कृष्णचन्द्र स्वधाम को पधार गये।

22

पाण्डवों का स्वर्गगमन

श्रीकृष्णचन्द्र से मिलने के लिये तथा भविष्य का कार्यक्रम निश्चित करने के लिये अर्जुन द्वारिकापुरी गये थे। जब उन्हें गये कई महीने व्यतीत हो गये तब एक दिन धर्मराज युधिष्ठिर को विशेष चिन्ता हुई। वे भीमसेन से बोले – "हे भीमसेन द्वारिका का समाचार लेकर भाई अर्जुन अभी तक नहीं लौटे। और इधर काल की गति देखो, सम्पूर्ण भूतों में उत्पात होने लगे हैं। नित्य अपशकुन होते हैं। आकाश में उल्कापात होने लगे हैं और पृथ्वी में भूकम्प आने लगे हैं। सूर्य का प्रकाश मध्यम सा हो गया है और चन्द्रमा के इर्द गिर्द बारम्बार मण्डल बैठते हैं।

आकाश के नक्षत्र एवं तारे परस्पर टकरा कर गिर रहे हैं। पृथ्वी पर बारम्बार बिजली गिरती है। बड़े बड़े बवण्डर उठ कर अन्धकारमय भयंकर आंधी उत्पन्न करते हैं। सियारिन सूर्योदय के सम्मुख मुँह करके चिल्ला रही हैं। कुत्ते बिलाव बारम्बार रोते हैं। गधे, उल्लू, कौवे और कबूतर रात को कठोर शब्द करते हैं। गौएँ निरंतर आँसू बहाती हैं। घृत में अग्नि प्रज्जवलित करने की शक्ति नहीं रह गई है। सर्वत्र श्रीहीनता प्रतीत होती है। इन सब बातों को देख कर मेरा हृदय धड़क रहा है। न जाने ये अपशकुन किस विपत्ति की सूचना दे रहे हैं। क्या भगवान श्रीकृष्णचन्द्र इस लोक को छोड़ कर चले गये या अन्य कोई दुःखदाई घटना होने वाली है?" उसी क्षण आतुर अवस्था में अर्जुन द्वारिका से वापस आये।

उनके नेत्रों से अश्रु बह रहे थे, शरीर कान्तिहीन था और गर्दन झुकी हुई थी। वे आते ही धर्मराज युधिष्ठिर के चरणों में गिर पड़े। तब युधिष्ठिर ने घबरा कर पूछा – "हे अर्जुन द्वारिकापुरी में हमारे सम्बंधी और बन्धु-बान्धव यादव लोग तो प्रसन्न हैं न? हमारे नाना शूरसेन तथा छोटे मामा वसुदेव तो कुशल से हैं न? हमारी मामी देवकी अपनी सातों बहनों तथा पुत्र-पौत्रादि सहित प्रसन्न तो हैं न?

राजा उग्रसेन और उनके छोटे भाई देवक तो कुशल से हैं न? प्रद्युम्न, अनिरुद्ध, साम्ब, ऋषभ आदि तो प्रसन्न हैं न? हमारे स्वामी भगवान श्रीकृष्णचन्द्र उद्धव आदि अपने सेवकों सहित कुशल से तो हैं न? वे अपनी सुधर्मा सभा में नित्य आते हैं न? सत्यभामा, रुक्मिणी,

जाम्वन्ती आदि उनकी सोलह सहस्त्र एक सौ आठ पटरानियाँ तो नित्य ठनकी सेवा में लीन रहती हैं न? हे भाई अर्जुन तुम्हारी कान्ति क्षीण क्यों हो रही है और तुम श्रीहीन क्यों हो रहे हो?".

धर्मराज युधिष्ठिर के प्रश्नों के बौछार से अर्जुन और भी व्याकुल एवं शोकाकुल हो गये, उनका रंग फीका पड़ गया, नेत्रों से अविरल अश्रुधारा बहने लगी, हिचकियाँ बँध गईं, रुँधे कण्ठ से उन्होंने कहा – "हे भ्राता हमारे प्रियतम भगवान श्रीकृष्णचन्द्र ने हमें ठग लिया, वे हमें त्याग कर इस लोक से चले गये। जिनकी कृपा से मेरे परम पराक्रम के सामने देवता भी सिर नहीं उठाते थे मेरे उस परम पराक्रम को भी वे अपने साथ ले गये, प्राणहीन मुर्दे जैसी गति हो गई मेरी। मैं द्वारिका से भगवान श्रीकृष्णचन्द्र की पत्नियों को हस्तिनापुर ला रहा था किन्तु मार्ग में थोड़े से भीलों ने मुझे एक निर्बल की भाँति परास्त कर दिया।

मैं उन अबलाओं की रक्षा नहीं कर सका। मेरी वे ही भुजाएँ हैं, वही रथ है, वही घोड़े हैं, वही गाण्डीव धनुष है और वही बाण हैं जिन से मैंने बड़े बड़े महारथियों के सिर बात की बात में उड़ा दिये थे। जिस अर्जुन ने कभी अपने जीवन में शत्रुओं से मुहकी नहीं खाई थी वही अर्जुन आज कायरों की भाँति भीलों से पराजित हो गया। उनकी सम्पूर्ण पत्नियों तथा धन आदि को भील लोग लूट ले गये और मैं निहत्थे की भाँति खड़ा देखता रह गया। उन भगवान श्रीकृष्णचन्द्र के बिना मेरी सम्पूर्ण शक्ति क्षीण हो गई है। "आपने जो द्वारिका में जिन यादवों की कुशल पूछी है, वे समस्त यादव ब्राह्मणों के श्राप से दुर्बुद्धि अवस्था को प्राप्त हो गये थे और वे अति मदिरा पान कर के परस्पर एक दूसरे को मारते मारते मृत्यु को प्राप्त हो गये।

यह सब उन्हीं भगवान श्रीकृष्णचन्द्र की लीला है।" अर्जुन के मुख से भगवान श्रीकृष्णचन्द्र के स्वधाम गमन और सम्पूर्ण यदुवंशियों के नाश का समाचार सुन कर धर्मराज युधिष्ठिर ने तुरन्त अपना कर्तवय निश्चित कर लिया और अर्जुन से बोले – "हे अर्जुन भगवान श्रीकृष्णचन्द्र ने अपने इस लौकिक शरीर से इस पृथ्वी का भार उतार कर उसे इस प्रकार त्याग दिया जिस प्रकार कोई काँटे से काँटा निकालने के पश्चात उन कोनों काँटों को त्याग देता है।

अब घोर कलियुग भी आने वाला है। अतः अब शीघ्र ही हम लोगों को स्वर्गारोहण करना चाहिये।" जब माता कुन्ती ने भगवान श्रीकृष्णचन्द्र के स्वधाम गमन का समाचार सुना तो उन्होंने भगवान श्रीकृष्णचन्द्र में अपना ध्यान लगा कर शरीर त्याग दिया। धर्मराज युधिष्ठिर ने अपने महापराक्रमी पौत्र परीक्षित को सम्पूर्ण जम्बूद्वीप का राज्य देकर हस्तिनापुर में उसका राज्याभिषेक किया और शूरसेन देश का राजा बनाकर मथुरापुरी में अनिरुद्ध के पुत्र बज्र का राजतिलक किया। तत्पश्चात् परमज्ञानी युधिष्ठिर ने प्रजापति यज्ञ किया और भगवान श्रीकृष्णचन्द्र में लीन होकर सन्यास ले लिया। उन्होंने मान, अपमान, अहंकार तथा मोह को त्याग दिया और मन तथा वाणी को वश में कर लिया।

सम्पूर्ण विश्व उन्हें ब्रह्म रूप दृष्टिगोचर होने लगा। उन्होंने अपने केश खोल दिये, राजसी वस्त्राभूषण त्याग कर चीर वस्त्र धारण कर के और अन्न जल का परित्याग करके

मौनव्रत धारण कर लिया। इतना करने के बाद बिना किसी की ओर दृष्टि किये घर से बाहर उत्तर दिशा की ओर चल दिये।राजा संसार की अनित्यता का विचार करके द्रौपदी तथा भाइयों को साथ ले हिमालय की तरफ महाप्रस्थान के पथ पर अग्रसर हुए। उस महापथ में क्रमश द्रौपदी, सहदेव, नकुल, अर्जुन और भीमसेन एक-एक करके गिर पड़े।

इससे राजा शोकमग्न हो गये। तदनन्तर वे इन्द्र के द्वारा लाये हुए रथ पर आरूढ़ हो (दिव्य रूप धारी) भाइयों सहित स्वर्ग को चले गये। वहाँ उन्होंने दुर्योधन आदि सभी धृतराष्ट्रपुत्रों को देखा। तदनन्तर (उन पर कृपा करने के लिये अपने धाम से पधारे हुए) भगवान् वासुदेव का भी दर्शन किया इससे उन्हें बड़ी प्रसन्नता हुईं यह मैंने तुम्हें महाभारत का प्रसंग सुनाया है। जो इसका पाठ करेगा, वह स्वर्गलोक में सम्मानित होगा।

9 798886 292190

Printed by Libri Plureos GmbH in Hamburg,
Germany